Mostafa Suhayl BRAHAMI

COMMENT PRIER

ADOLESCENTS - ADULTES

Tawhid

Maquette et composition : Mostafa B.

Imprimé en U.E.

ISBN 10 : 2-84862-104-4

ISBN 13 : 978-2-84862-104-4

بسم الله الرحمن الرحيم

﴿ يَا أَيُّهَا الَّذِينَ آمَنُوا ارْكَعُوا وَاسْجُدُوا وَاعْبُدُوا رَبَّكُمْ وَافْعَلُوا الْخَيْرَ
لَعَلَّكُمْ تُفْلِحُونَ. ﴾ (الحج 77)

﴿ Ô vous qui croyez ! Inclinez-vous, prosternez-vous, adorez votre Seigneur, et faites le bien dans l'espoir d'assurer votre salut. ﴾ (Coran Le Pèlerinage 22/77)

Introduction

Nous présentons ce livre et le dédions à un public adulte qui veut découvrir (ou redécouvrir) comment adorer Dieu par la prière (*ṣalât*) qui est l'un des cinq piliers (*rukn*) de l'Islam.

L'importance de la prière n'est pas à démontrer. Elle est le lien essentiel et vital entre le croyant et son Créateur. Tous les prophètes ont été caractérisés par la prière rendue à Dieu. La prière en Islam entre dans le cadre général du culte rendu à Dieu de la part non seulement des croyants, mais de toute l'humanité, et plus encore de la création entière. De là, son importance fondamentale dans la vie quotidienne du croyant.

Si le Coran insiste sur l'importance vitale de la prière, c'est essentiellement de notre Prophète Muḥammad (ﷺ) que nous tirons les enseignements de l'accomplissement de cette obligation.

Ce livre se veut un outil simple pour apprendre comment accomplir la prière. Il est basé sur le Coran ainsi que les hadiths authentiques (*ṣaḥîḥ*) ou bons (*ḥasan*) et les avis les plus autorisés des savants reconnus. Nous avons puisé directement aux sources. Nous ne nous attarderons pas, malheureusement, sur l'aspect spirituel de la prière si fondamental, à cause de l'objectif de ce livre qui vise l'apprentissage de la prière. L'aspect spirituel est traité plus en détail dans le premier livre de cette série (Pourquoi prier ?).

Cet ouvrage se veut un guide pratique de la prière et un condensé très simplifié du troisième livre sur la prière (Les règles de la prière, *fiqh aṣ-ṣalât*) qui aborde, pour des lecteurs avertis et intéressés, avec force détails, les plus grands aspects de l'accomplissement de la prière en citant les versets coraniques et paroles prophétiques en rapport avec chaque question abordée, ainsi que l'avis des grands imams sur ces questions.

Ce livre se compose de deux parties :

- Un premier livre qui traite de la façon d'accomplir la prière, avec le minimum de détails pour ne pas encombrer le lecteur.

  Nous verrons ainsi l'importance de la prière ainsi que ses conditions d'accomplissement.

Nous traiterons ensuite de la manière d'effectuer les ablutions, nécessaires pour entrer en prière. Puis nous verrons comment l'accomplir, en insistant sur les aspects pratiques, sans recourir systématiquement aux différents arguments tirés du Coran et de la Sunna prophétique. Nous les soulignerons à certains endroits seulement.

- Un deuxième livre qui s'ouvre sur des aspects essentiels des prières, complément indispensable, pour qui veut **aller plus loin**. Nous y montrons les autres prières, obligatoires ou surérogatoires (*nâfila*) ainsi que certains aspects spécifiques de la purification et des questions féminines.

Concernant la terminologie, nous utiliserons systématiquement, par commodité et pour faciliter la lecture, les termes suivants :

- le terme de « prière » pour rendre celui de « *ṣalât* », même si les deux notions diffèrent dans leurs acceptions actuelles et ne se recouvrent que partiellement ;
- le terme d'invocations (ou demandes) pour rendre celui de « *du'â'* ».

Nous développons avec plus d'intérêt cette question de la terminologie dans le premier livre sur la prière (Pourquoi prier).

Dieu fasse que ce livre puisse montrer, accompagner et guider toute personne voulant se réconcilier avec Dieu, et approfondir sa foi, notamment par la prière. *Âmîn.*

Mostafa Suhayl Brahami

À mon épouse

et

Mâlik, Sohayb et Fârûq

que Dieu les protège et guide.

PREMIER LIVRE
CONNAISSANCES DE BASE

1
IMPORTANCE DE LA PRIÈRE MUSULMANE ET SPÉCIFICITÉS

L'être humain a été créé par Dieu afin de L'adorer, Lui, l'Unique, le Miséricordieux. Cette adoration peut prendre diverses formes, mais toutes déterminées par Dieu Lui-même. Ces formes ne sont pas le fruit de nos pensées, de nos efforts. Elles sont déterminées par la parole coranique et l'enseignement prophétique, et singulièrement le dernier d'entre eux, notre maître Muḥammad (ﷺ). Dieu dit en effet :

﴾ **Je n'ai créé les *djinns* et les hommes que pour qu'ils M'adorent. Je n'attends d'eux nul don, et Je n'exige d'eux aucune nourriture. En vérité, c'est Dieu qui est le grand Pourvoyeur, le Détenteur de la force, l'Inébranlable.** ﴿ Coran (Les Ouragans 56/51)

Le prophète Muḥammad (ﷺ) dit :

« L'Islam est bâti sur cinq piliers : l'attestation qu'il n'y a de divinité que Dieu et que Muḥammad est Son serviteur et Son Envoyé, l'accomplissement de la prière (ṣalât), le don de l'aumône obligatoire zakât, le pèlerinage à la Maison Sacrée de Dieu et le jeûne du mois de ramadan.» [Bukhârî (7) et Muslim (21)]

Ces piliers de l'Islam (soumission) sont donc au nombre de cinq :

1. **L'attestation de foi**, par laquelle on entre dans la foi de l'Islam. S'il ne s'agit que de deux phrases à prononcer, elle engage l'individu dans toute sa vie qui sera transformée vers le bien, le mieux.

2. **L'accomplissement de la prière** *ṣalât* cinq fois par jour à des moments déterminés. C'est une adoration rendue par le corps et tous ses membres, ainsi que par l'esprit et le cœur.

3. **S'acquitter de la *zakât*** qui est un « impôt » sur les économies (fortunes), une fois par an.

4. Le **jeûne du mois de ramadan**, une fois par an.

5. Enfin, la **visite de la Maison Sacrée de Dieu à La Mecque** (*ḥajj*) une fois dans sa vie si les conditions (physiques, matérielles et financières) s'y prêtent.

Il faut aussi savoir que les obligations musulmanes ne s'arrêtent pas aux cinq citées. D'autres obligations (de faire ou de ne pas faire, de s'abstenir) existent en effet. Mais ces cinq constituent l'ossature, les piliers de l'Islam.

En effet, ces obligations ont non seulement une grande valeur en elles-mêmes, mais elles sont rattachées à d'autres obligations, sociales notamment. Ainsi la prière qui n'éloigne pas celui qui l'accomplit du vice et du blâmable ne saurait être acceptée par Dieu. Le jeûne qui ne s'accompagne pas de l'arrêt de la médisance, du dénigrement ou plus encore du faux témoignage ne rapporte rien à celui qui l'accomplit aussi. De même, celui qui accomplit le *ḥajj* par des moyens illicites (*ḥarâm*) tels le vol, la tromperie, ne saurait être agréé. Et, celui qui accomplit la *zakât* en vue d'être reconnu par les autres n'aura que ce qu'il a visé.

1. Importance de la prière

Parmi les formes d'adoration diverses que Dieu a prescrites, la prière est non seulement la plus expressive par le symbolisme des paroles et des gestes qu'elle comporte, mais aussi et surtout par sa présence de tous les instants, dans toutes les circonstances, dans tous les aspects de la vie du croyant.

En effet, la prière n'est pas seulement le deuxième pilier, après l'attestation de foi (*shahâda*) qui exprime l'entrée dans le monde de l'Islam et sa construction, bien avant le jeûne du ramadan, l'aumône obligatoire (*zakât*) et le pèlerinage (*ḥajj*). Elle est l'étendard de cette appartenance, elle en est sa composante vitale sans laquelle, l'appartenance à l'Islam serait tout à fait compromise. L'Envoyé de Dieu (ﷺ) dit, la concernant :

« C'est la prière qui distingue le serviteur de Dieu du polythéisme et de l'athéisme. » [Muslim (116), Abû Dâwûd (4058)]

C'est la prière qui différencie le croyant de l'hypocrite, qui distingue la sincérité du mensonge, l'adhésion du cœur et du corps du simple énoncé verbal de l'attestation de foi. En effet, on peut être atteint d'une maladie qui nous handicaperait et ne nous permettrait pas de jeûner ni d'accomplir le pèlerinage, on peut être indigent et ne pas pouvoir donner l'aumône obligatoire *zakât*, on peut avoir mille et une raisons, valables, pour ne pas accomplir les trois obligations (jeûne, aumône, pèlerinage), mais il n'y a aucune raison, à l'exception de la perte de conscience, pour ne pas accomplir la prière.

Elle doit être accomplie dans toutes les circonstances : en bonne santé ou malade, que cette maladie soit bénigne ou grave, qu'elle laisse la faculté du mouvement ou qu'elle soit handicapante, que l'on soit travailleur ou au chômage, que l'on soit riche ou pauvre et démuni, en temps de paix ou de guerre, dans un climat favorable ou lors d'intempéries. Bien sûr, les contextes extrêmes ou pénibles (maladie contraignante, voyage…), introduisent certaines facilitations concernant son accomplissement, mais la prière reste toujours à effectuer.

La prière est à accomplir dans toutes les occasions, partout, car elle accompagne, guide et oriente le croyant jusqu'à son dernier souffle.

La prière est vécue comme le « thermomètre » de l'amour du croyant envers son Créateur, le Miséricordieux. Notre mère 'Âïsha, l'épouse du Prophète (ﷺ), voyant les pieds enflés et crevassés de ce dernier sous le poids des longues prières de nuit, lui dit :

« *"Mais, Dieu t'a pardonné tout ce que tu as commis antérieurement et ce que tu commettras dans le futur*[1] *!"* Il lui a alors répondu calmement : *" Mais ne serais-je pas un serviteur reconnaissant ?"* » [Muslim (4055), Nasâ'î (1626)]

La prière est d'abord une relation individuelle, un rapprochement intime entre le croyant et Dieu, un « dialogue » entre les deux, le premier demandant et implorant, et le Second entendant et exauçant. Le premier reconnaissant et le Second ouvrant les portes de Ses largesses. Cela est vrai y compris lorsque le croyant accomplit la prière en commun à la mosquée. Ces « moments intimes » sont aussi le lot de la prière accomplie au milieu de la nuit : alors que les gens dorment, se reposent physiquement, le croyant est debout, seul face à Celui qui voit et entend, Celui qui pardonne et absout, Celui qui ouvre les portes de Son infinie miséricorde.

Le croyant n'a pas besoin d'apparat pour prier, des vêtements propres lui suffisent. Il n'a pas besoin non plus d'intermédiaire, il s'adresse directement à Dieu. Il n'a pas besoin de temple où exprimer sa prière, toute la terre est mosquée.

Il lui suffit de se diriger vers La Mecque (la *qibla*), d'être dans des conditions de propreté définie, de faire des gestes et de prononcer des paroles, tous définis par Dieu Lui-même et Son Prophète (ﷺ), pour s'évader du monde, se couper de l'extérieur et ressentir cet apaisement du cœur et de l'esprit.

En effet, tous les croyants, dans leurs prières, se dirigent vers le centre du monde, la Ka'ba sise dans la grande sainte mosquée à La Mecque, mosquée qui réunit les croyants par-delà la diversité de leurs couleurs, langues, nationalités et statuts sociaux.

Tous les croyants célèbrent la même prière, avec les mêmes paroles, les mêmes gestes, exprimant leur soumission et formulant une demande commune, répétée au moins dix-sept fois par jour :

﴿ **C'est Toi que nous adorons. C'est Toi dont nous implorons le Secours. Guide-nous dans le droit chemin. Celui de ceux que Tu as comblés de Tes grâces. Et non point celui de ceux qui encourent Ta colère, ni celui des égarés.** ﴾ Coran (*Fâtiḥa*, 1/5-7)

2. L'OBLIGATION DE LA PRIÈRE

Comme nous l'avons dit plus haut, la place de la prière est unique parmi les formes d'adoration prescrites par Dieu, formes qui ne l'équivalent pas dans la préséance. En effet, le prophète Muḥammad (ﷺ) dit dans un long hadith :

« *L'essence des choses est l'islam (la soumission), son pilier central est la prière (ṣalât)…* » [Tirmidhî (2541), Aḥmad (21008)]

C'est la première obligation des rites prescrits par Dieu lors de l'ascension nocturne (*mi'râj*) du prophète Muḥammad. Pour cette importance, l'être humain sera questionné, au Jour dernier, d'abord sur sa prière, s'il l'a accomplie ou non, et comment il l'aura effectuée. Notre Prophète (ﷺ) dit en effet :

« *La première chose sur laquelle sera questionné le croyant au Jour dernier sera la prière. Si elle a été saine (bien accomplie), il aura alors gagné et sera bienheureux ; et si elle a été corrompue, il sera alors perdant et parmi les ruinés.* » [Nasâ'î (461), Tirmidhî (378)]

La prière a aussi été l'une des deux dernières recommandations du Prophète (ﷺ) sur son lit de mort, lors de ses derniers instants. Il avait alors dit :

« *La prière, la prière, et craignez Dieu quant à vos esclaves.* » [Abû Dâwûd (4489) et Aḥmad (25278)]

Le Prophète (ﷺ) a aussi prévenu que la prière serait la dernière obligation que perdront les croyants musulmans, avant la venue du Jour dernier :

« *Les valeurs islamiques se perdront l'une après l'autre. À chaque disparition, les gens s'agripperont à la suivante. La première valeur à disparaître sera le pouvoir, et la dernière sera la prière.* » [Aḥmad (21139), Ibn Ḥibbân]

Enfin, faut-il rappeler que notre père, le prophète Ibrâhîm (ﷺ) fit l'invocation suivante :

﴿ **Seigneur ! Fais que j'accomplisse assidûment la prière ainsi qu'une partie de ma descendance ; exauce ma demande (*du'â'*), ô notre Seigneur !** ﴾ Coran (Ibrâhîm 14/40)

Parce que la prière devrait accompagner le croyant dans ses moments quotidiens, le Coran la mentionne et la conjugue, à chaque fois, avec un élément fondamental de la foi musulmane. Ainsi est-elle couplée avec :

- le souvenir de Dieu (*dhikr*) dans le verset suivant (ainsi que dans d'autres) :

  ﴿ **Et accomplis la prière ; elle préserve de la turpitude et du blâmable. Et le rappel de Dieu est certes ce qu'il y a de plus grand.** ﴾ Coran (Le Récit 29/45)

- la *zakât*, l'aumône obligatoire, notamment dans le verset :

  ﴿ **Accomplissez la prière et acquittez la *zakât*.** ﴾ Coran (La Vache 2/110)

- la patience, notamment dans le verset suivant :

  ﴿ **Cherchez secours dans l'endurance et la prière : certes, la prière est une lourde obligation, sauf pour les humbles, qui ont la certitude de rencontrer leur Seigneur (après leur résurrection) et de retourner à Lui Seul.** ﴾ Coran (La Vache 2/45-46)

- Le pèlerinage *ḥajj* :

  ﴿ **Dis : "En vérité, ma prière, mes actes de dévotion (*ḥajj*), ma vie et ma mort appartiennent à Dieu, Seigneur de l'Univers".** ﴾ Coran (Les Bestiaux 6/162)

3. Qui est visé par l'obligation de la prière

L'obligation de s'acquitter de la prière concerne tout **musulman pubère et capable de discernement, homme ou femme.**

L'enfant pubère est celui qui a atteint l'âge de la puberté révélée par certains signes sur le corps humain : poils de la barbe, des aisselles ou des moustaches (au pubis aussi) pour le garçon (entre 14 et 15 ans), et pour la fille des poils aussi (aisselles, pubis) ainsi que l'apparition des règles (du sang pendant quelques jours chaque mois environ) et des bourgeons mammaires (entre 12 et 15 ans).

Être capable de discernement, c'est savoir distinguer entre le bien et le mal par soi-même, entre ce qui est utile et ce qui est néfaste. Toute personne pubère est présumée capable de discernement.

La parole prophétique suivante mentionne les cas où l'obligation est levée, temporairement ou totalement :

« *Point de réprobation*[2] *pour trois catégories : l'endormi jusqu'à ce qu'il se réveille, l'enfant jusqu'à ce qu'il devienne pubère et l'incapable de discernement jusqu'à ce qu'il retrouve ses pleines capacités.* » [Abû Dâwûd (3825), Nasâ'î (3378), Tirmidhî (1343)]

L'enfant impubère

L'enfant impubère n'est pas concerné par l'obligation d'accomplir la prière, mais le Prophète (ﷺ) préconise cependant de l'y initier et de l'y inciter :

« *Enjoignez vos enfants à accomplir la prière dès l'âge de sept ans, et contraignez-les à le faire dès l'âge de dix ans, et séparez entre eux dans les lits.* » [Abû Dâwûd (418), Aḥmad (6467)]

4. Les prières obligatoires

Les prières quotidiennes

Cinq prières quotidiennes sont obligatoires pour tout individu musulman, homme ou femme, jeune ou vieux.

La prière est en effet **une obligation individuelle** au sens où tout individu est concerné par l'injonction divine et prophétique.

Un grand nombre de hadiths (plus de 60) précise ce nombre de cinq prières quotidiennes. Nous n'en citerons qu'un seul : Ibn 'Abbâs rapporte que lorsque l'Envoyé de Dieu envoya Mu'âdh, en tant qu'imam et gouverneur au Yémen, il lui dit :

« *Tu vas aller chez des gens du Livre. Que ta première parole soit de les appeler à adorer Dieu le Très-Haut. Quand ils auront reconnu Dieu, alors informe-les que Dieu leur a prescrit cinq prières quotidiennes obligatoires. Lorsqu'ils auront accompli cela, informe-les que Dieu leur a prescrit de donner la zakât, prise auprès de leurs compatriotes riches et distribuée à leurs pauvres. S'ils suivent cet ordre, alors prends la zakât et fais très attention de ne pas toucher à leurs autres biens.* » [Muslim (28), Bukhârî (1365)]

La prière du vendredi

Une sixième prière est obligatoire, c'est celle du vendredi. Mais l'obligation ne concerne que les hommes, les femmes pouvant l'accomplir de leur propre gré, ce faisant, elles auront la même rétribution que les hommes.

Cette prière est à effectuer en groupe dans la mosquée. Elle remplace, bien sûr, la prière du *ẓuhr* de ce jour.

La prière funéraire

La prière pour le(s) mort(s) est aussi obligatoire, mais collectivement. Si un groupe l'accomplit, l'obligation tombe pour les autres.

5. Les temps des prières

Dieu dit dans Son Livre :

﴿ **Car la prière demeure, pour les croyants, une prescription en des temps déterminés.**﴾ Coran (Les Femmes 4/103)

Les temps des prières obligatoires ont été fixés par divers versets dans le Coran ainsi que la parole prophétique. Ainsi pouvons-nous lire dans le Coran les versets qui suivent :

﴿ **Et accomplis la prière aux deux extrémités du jour et à certaines heures de la nuit. Les bonnes œuvres dissipent les mauvaises. C'est là un rappel qui s'adresse à ceux qui réfléchissent.**﴾ Coran (Hûd 11/114)

﴿ **Accomplis la prière au déclin du soleil jusqu'à l'obscurité de la nuit, et (fais) aussi la lecture à l'aube, car la lecture à l'aube a des témoins.**﴾ Coran (Le Voyage Nocturne 17/78)

﴿ **Et célèbre Sa louange, avant le lever du soleil, avant son coucher et pendant la nuit ; et exalte Sa gloire aux extrémités du jour. Peut-être auras-tu satisfaction.**﴾ Coran (Ṭâ-Ha 20/130)

Le premier verset fixe ainsi les temps des deux prières de l'aube (*ṣubḥ*) et du coucher du soleil (*maghrib*), le second, les temps de la prière de midi (*ẓuhr*) ainsi que celui de celles du *'aṣr*, *maghrib* et *'ishâ'* ; quant au troisième, il fixe ceux des prières de l'aube (*ṣubḥ*), de l'après-midi (*'aṣr*) et de la nuit (*'ishâ'*)[3].

La prière de l'aube ṣubḥ

Son temps commence de l'aube jusqu'au lever du soleil. Il faut donc l'effectuer durant cette période. Il est recommandé de l'accomplir à ses premières heures, non d'attendre jusqu'à ce qu'apparaissent les premières lueurs. Elle se compose de deux cycles de prière (*raka'ât*). Dans le Coran elle est appelée *fajr*[4], alors que l'on trouve *ṣubḥ* et *fajr* dans la parole prophétique. Elle est précédée par une prière surrérogatoire (*nâfila*) de très forte intentité (*sunna mu'kkada*) de deux cycles (*raka'ât*).

Attention : dans beaucoup de pays (Maghreb notamment), les gens utilisent le terme de *fajr* pour désigner la prière fortement recommandée (2 cycles) à effectuer avant la prière obligatoire du *ṣubḥ*. Dans la littérature musulmane, le *fajr* ou *ṣubḥ* sont exactement la même prière, c'est-à-dire l'obligatoire.

La prière du ẓuhr

Son temps commence juste après que le soleil dépasse le zénith (*zawâl*), et va jusqu'à ce que la longueur de l'ombre de l'objet arrive à la longueur de ce dernier (bien sûr en y ajoutant la longueur de l'ombre au moment du zénith). Elle se compose de quatre cycles (*raka'ât*).

La prière du 'aṣr

Son temps commence dès la fin du temps de la prière du *ẓuhr* et va jusqu'aux derniers moments du coucher du soleil. Elle se compose de quatre cycles.

La prière du maghrib

Son temps commence dès le coucher du soleil, et va jusqu'à la disparition des dernières rougeurs du ciel et que tombe l'obscurité totale. Il est préférable de l'accomplir le plus tôt possible et de ne pas la retarder, car son temps est court. Elle se compose de trois cycles.

La prière du 'ishâ'

Son temps va de la fin de celui du *maghrib*, après la disparition des dernières rougeurs du ciel, jusqu'au milieu de la nuit.

Elle se compose de quatre cycles. Elle est suivie par des prières surérogatoires (*nâfila*) de deux puis d'un cycle, appelée prière du *witr*.

Comme les temps des prières sont relatifs à la position du soleil, des programmes informatiques calculent aujourd'hui aisément ces temps.

Le schéma suivant illustre les temps des prières.

Figure 1 : Illustrations des temps des prières quotidiennes

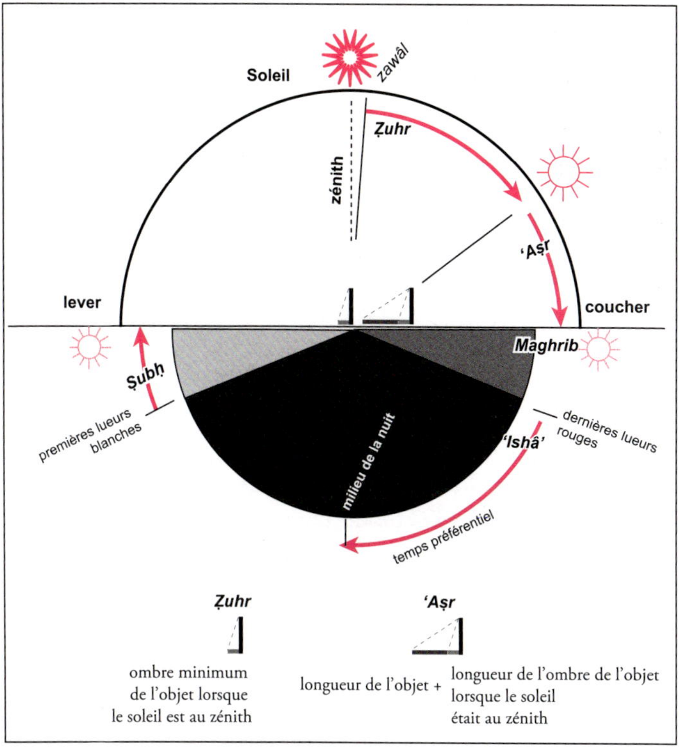

6. Conditions de la prière

Cinq éléments conditionnent la prière, si l'un des éléments venait à manquer, la prière est déclarée nulle, et donc non acceptée, même si elle est effectuée. Ce sont :

1. L'arrivée du temps de la prière considérée.
2. Être en état de pureté rituelle complet (petites et grandes).
3. S'assurer de la pureté de ses vêtements et du lieu de prière.
4. S'orienter vers la *qibla*.
5. Couvrir ses parties intimes.

Nous expliquons cela dans les paragraphes qui suivent.

6.1. L'arrivée du temps de la prière

Toute prière ne peut se faire que **lorsque son temps** est arrivé, d'en avoir du moins la connaissance. Par connaissance, il est désigné le fait d'être sûr ou d'avoir une forte probabilité que le temps est arrivé, soit par connaissance de l'heure exacte ou le fait d'entendre le *muezzin* (celui qui appelle à la prière). Dans le principe général, aucune prière ne peut se faire avant son terme, autrement elle est invalidée. Dieu dit :

﴾ **Car la prière demeure, pour les croyants, une prescription, à des temps déterminés.**﴿ Coran (Les Femmes 4/103)

L'imam Ibn Kathîr, expliquant ce verset, dit que chaque prière est à accomplir en son temps.

Cependant, il y a des exceptions à cela : lorsque la personne est en voyage, lors d'intempéries, lors du pèlerinage (à Arafât et Muzdalifa) et certains cas particuliers (voir détails p.117-118).

6.2. Être en état de pureté rituelle

Être **en état de pureté rituelle** (*ṭahâra*) est une condition essentielle pour accomplir la prière. Cette dernière consiste à se purifier des souillures. Ces dernières sont de deux sortes :

- La *souillure majeure.* On s'en purifie par les grandes ablutions *ghusl*, appelées aussi grande purification (*ṭahâra kubrâ*).
- La *souillure mineure.* On s'en purifie par les petites ablutions *wuḍû'*, appelées aussi petite purification (*ṭahâra ṣughrâ*).

Les petites ablutions (*wuḍû'*) ne seront valides que si les grandes (*ghusl*) ont déjà été effectuées et n'ont pas été annulées entretemps. On détaillera plus loin ce qui est considéré comme souillure et comment opérer les purifications.

6.3. Pureté du corps, des habits et du lieu

Le corps, les habits ainsi que l'endroit où l'on fait la prière devront être exempts de toute souillure matérielle, dans toute la mesure du possible.

Concernant la pureté du corps, il s'agit, en plus des ablutions, que le corps ne soit pas entaché par des souillures : urine, excréments, vin, etc.

Concernant la pureté des habits, le verset y afférent est clair. Dieu dit en effet :

﴿ **Et tes vêtements, purifie-les.** ﴾ Coran (Le Revêtu 74/4)

Là aussi, le croyant doit faire tout son effort pour accomplir ses prières dans des habits propres.

Concernant la pureté du lieu, même si toute la terre est mosquée (au sens de pureté), le musulman doit veiller à n'accomplir ses prières que dans des endroits propres, débarrassés des souillures, du moins ce qui en apparaît.

S'il y a impossibilité de se débarrasser de tout ou partie des souillures, il est possible alors d'accomplir la prière dans les meilleures conditions possibles. Tel sera le cas de l'incontinence urinaire par exemple ou de blessures suintant de sang ou de pus par exemple. Dans ces cas, il est accordé la dérogation de faire ce qui est possible et d'accomplir les prières, Dieu n'obligeant personne au-delà de ses capacités.

Certains détails se trouvent dans la deuxième partie de ce livre. On peut s'y reporter en cas de besoin.

L'objectif de la purification est de rendre propre le corps (ou partie du corps), l'habit ou le lieu touchés par la souillure. Si la souillure ne laisse pas de trace visible (exemple d'urine), ou qu'elle en laisse (le sang), l'obligation est de laver avec de l'eau la partie souillée, au besoin utiliser un détergent. Aucun problème ne se pose s'il reste des traces malgré le lavage effectué.

6.4. Se couvrir convenablement (satr al-'awra)

Pour l'homme

Il s'agit **pour l'homme** de couvrir la partie comprise entre **le nombril et les genoux**. Le nombril et les genoux ne font pas partie de l'intimité (*'awra*), mais leur couverture permet de mieux couvrir la partie centrale. Mais les savants insistent (*sunna mu'akkada*) et disent qu'il doit couvrir aussi le buste, cela étant de l'ordre de la forte recommandation prophétique (*sunna*). L'imam Aḥmad en fait même une obligation.

Pour la femme

La femme devra couvrir tout le corps sauf le visage et les mains. Nous citons le hadith suivant :

« *Dieu n'accepte la prière de la femme pubère que si elle est voilée (khimâr).* » [Tirmidhî (344)]

L'imam Shâfi'î ne voit pas grand mal à ce que les pieds de la femme ne soient pas couverts durant la prière, même s'il est préférable de les couvrir.

6.5. S'orienter vers la qibla

L'obligation est de **s'orienter** vers la *qibla*, durant l'accomplissement de la prière.

C'est la Ka'ba pour ceux qui sont à l'intérieur de la grande Mosquée Sacrée de La Mecque. Pour les habitants de cette ville sainte, les croyants se dirigeront vers cette mosquée sainte. Pour tous les autres, les croyants se dirigeront vers la ville sainte de La Mecque. Le verset coranique dit en substance :

﴾ **Tourne donc ton visage vers la Mosquée Sacrée ! Et vous les croyants, où que vous soyez, tournez-vous dans cette même direction !** ﴿ Coran (La Vache 2/144)

Si, pour **raison de maladie contraignante**, de contrainte extérieure, d'insécurité, de voyage, le croyant ne peut s'orienter vers la *qibla*, il fera alors la prière vers toute direction, et aucune gêne ne devra être ressentie. Si le croyant ne sait pas où se diriger, il fera un effort, puis accomplira la prière dans la direction qui lui semble la bonne, même s'il s'avère, après coup, que ce ne l'était pas.

*

Notes :

1. En référence à la parole de Dieu : ﴿ Afin que Dieu te pardonne tes péchés, passés et futurs… ﴾ Coran (La Victoire 48/1).

2. Il faut comprendre point de réprobation auprès de Dieu. Quant à la responsabilité civile en cas d'atteinte aux biens et personnes d'autrui, elle est assumée selon les cas.

3. Ibn Kathîr, *Tafsîr*, commentaire des versets cités.

4. Par exemple : Coran (Le Voyage Nocturne 17/78)

***

2
La purification (*ṭahâra*)

Être en état de purification majeure (*ghusl*, *ṭahâra kubrâ*) et mineure (*wuḍû'*, *ṭahâra sughrâ*) est une condition de validité de la prière.

Il faut distinguer la différence entre deux termes : la propreté (*naẓâfa* نظافة) et la pureté rituelle (*ṭahâra* طهارة), souvent dénommée ici pureté :

- le terme de propreté renvoie à l'absence (du moins visible) de saleté ;
- quant au terme de pureté rituelle, il renvoie plutôt à une propreté rituelle définie par la loi musulmane et qui est une condition essentielle pour un certain nombre de faits et gestes rituels (prière, *ṭawâf*…), **précédée par l'intention** (*niyya*).

  La pureté rituelle se fait à travers des ablutions (petites ou grandes) qui sont une façon particulière de se laver.

De manière générale, hormis les cas exceptionnels, la purification rituelle (mineure *wuḍû'* ou majeure *ghusl*) entraîne la propreté du corps partiellement et/ou totalement selon les cas. En précédant à la purification majeure avec de l'eau, le corps en entier est propre. En procédant à la purification mineure, les parties lavées (mains, visage, bras, pieds, oreilles) sont propres.

Mais l'inverse n'est pas vrai. En effet, on peut être propre, après un bain par exemple, et non pur rituellement, pour accomplir la prière par exemple si l'on n'a pas accompli ses ablutions et procédé à l'intention.

La purification (*ṭahâra*) se fait au moyen d'une eau pure et purifiante. L'eau des sources, des fontaines, des lacs, de la fonte des neiges, de la pluie, des puits, ainsi que l'eau des mers (même si elle est salée !), des rivières et ruisseaux, toute cette eau est pure et purifiante.

La purification lève l'état de souillure et permet d'accomplir les actes rituels (prière et *ṭawâf*) exigeant les ablutions.

1. Les ablutions, généralités

Faire ses ablutions n'est pas seulement une condition pour accomplir sa prière. C'est aussi toute une éducation de propreté, physique et mentale. Elle a un grand mérite auprès de Dieu. Faire ses ablutions est une exigence coranique et prophétique.

On distingue deux niveaux d'ablutions, comme mentionné plus haut :

- les grandes ablutions (dites aussi majeures) appelées *ghusl* ;

- et les petites ablutions (dites aussi mineures) appelées *wuḍû'*.

Les ablutions sont faites normalement avec de l'eau pure. Toutefois, pour certaines raisons (manque d'eau, maladie...) qui ne permettraient pas d'utiliser de l'eau, le croyant, pour se purifier, devra alors le faire symboliquement, d'une manière enseignée par le Prophète (ﷺ), appelée *tayammum*, que nous traiterons plus bas.

2. L'EXIGENCE ET LE MÉRITE DES ABLUTIONS

Dieu dit dans le Coran :

﴿ **Ô croyants ! Lorsque vous vous disposez à accomplir la prière, lavez vos visages et vos mains jusqu'aux coudes ; passez les mains mouillées sur vos têtes ; et lavez-vous les pieds jusqu'aux chevilles. Et si vous êtes en état de souillure majeure (*junub*), purifiez-vous.**

Si vous êtes malades ou en voyage, si vous venez de satisfaire vos besoins naturels, si vous avez touché[5] vos femmes et que vous ne trouviez pas d'eau, faites des ablutions sèches (*tayammum*) avec de la terre propre, en vous essuyant le visage et les mains. Dieu n'entend vous imposer aucune gêne, mais Il veut vous purifier et parfaire sur vous Son bienfait. Peut-être serez-vous reconnaissants.﴾ Coran (La Table 5/6)

De nombreux hadiths explicitent ces obligations. Nous en citerons un seul. Le Prophète Muḥammad (ﷺ) dit :

« Dieu n'agrée la prière de l'un d'entre vous jusqu'à ce qu'il accomplisse ses ablutions, s'il les a rompues. » [Bukhârî (6440), Muslim (330)]

Il dit aussi, concernant le mérite des ablutions :

« Lorsque le musulman, serviteur de Dieu ou le croyant, fait ses ablutions et lave son visage, tous les péchés commis par ses yeux sortent avec l'eau, ou avec la dernière goutte d'eau. Lorsqu'il lave ses mains, tous les péchés commis avec elles sortent avec l'eau, ou avec la dernière goutte d'eau. Lorsqu'il lave ses pieds, tous les péchés commis par ses pas sortent avec l'eau, ou avec la dernière goutte d'eau. Jusqu'à ce qu'il sorte purifié des péchés. » [Mâlik (56), Muslim (360)]

3. Les grandes ablutions

Les actes invalidant (appelées aussi *ḥadath akbar* حدث أكبر) les grandes ablutions, et donc les rendant obligatoires, sont au nombre de cinq :

1. La **relation sexuelle**. Elle oblige aux grandes ablutions.
2. **Émission de sperme ou éjaculation féminine**[6] que ce soit lors d'un rêve érotique ou suite à une excitation sexuelle.

   La relation sexuelle, l'émission de sperme ou l'éjaculation féminine, par rêve érotique, ou par incitation sexuelle, rend la personne ***junub***, elle est en état de *janâba*.
3. **L'écoulement sanguin** des femmes dû aux règles ou aux couches. Par extension, la femme dans ce cas est aussi appelée *junub*. Voir avec plus de détails les **spécifications féminines** conernant les ablutions en deuxième partie du livre
4. Les grandes ablutions sont aussi obligatoires **lors de la conversion à l'Islam**. Le nouveau croyant les effectue afin de se défaire de son ancienne vie et commencer une nouvelle.

5. Enfin, le mort musulman doit être lavé (*ghusl*).

Les grandes ablutions sont **recommandées** (*sunna*) :

- pour la prière du vendredi ;
- pour celle de l'aïd ;
- pour la sacralisation (*iḥrâm*) lors du pèlerinage …

3.1. Les obligations des grandes ablutions

Il n'y a que deux obligations dans les grandes ablutions :

- **prendre l'intention** ;
- **faire couler l'eau sur tout le corps,** y compris les cheveux, les différents plis du corps. Et ceci, après avoir enlevé toute trace de souillure.

Ce faisant, le croyant aura enlevé les souillures (*janâba*) et sera considéré comme pur rituellement.

Cependant, le prophète Muḥammad (ﷺ) nous a indiqué un certain nombre d'enseignements, les **recommandations prophétiques** (*sunna*), qui accompagnent ces deux obligations.

Remarques sur l'intention :

- L'intention est cette orientation de la volonté d'accomplir l'acte prescrit par Dieu en vue de prétendre à être agréé par Lui, et dans un esprit de soumission à Lui.
- L'intention, sise dans le cœur, n'a pas besoin d'être extériorisée par une parole prononcée à voix haute ou une formule bien spécifique. Au contraire, les savants considèrent comme mauvaise innovation (*bid'a* بدعة) sa formulation à voix entendue ou semi entendue.

3.2. Les grandes ablutions pas à pas

Dans ce qui suit, nous mentionnons comment effectuer les grandes ablutions avec ses obligations et ses recommandations prises de la pratique et parole prophétiques. [Muslim (474), Bukhârî (240)]

Nous noterons, à la suite de chaque geste ou parole la mention (**O**) pour obligation, et (**R**) pour recommandation.

1. **Prendre l'intention** (O) d'effectuer les grandes ablutions.
2. Prononcer la formule de tout commencement (**R**) :

بِسْمِ اللهِ الرَّحْمَـٰنِ الرَّحِيمِ.

Au nom de Dieu le Tout Miséricordieux, le Très Miséricordieux.

bismi-Llâhi r-raḥmâni r-raḥîm

3. Laver ses mains trois fois (**R**), avant de les faire entrer dans le récipient d'eau.
4. Laver son sexe et les autres parties du corps touchés par les souillures afin de les enlever (**R**).
5. **Effectuer ses petites ablutions** (R) : laver ses mains trois fois, rincer trois fois sa bouche et son nez , laver son visage trois fois, laver ses bras trois fois, essuyer ses cheveux puis ses oreilles. On peut ensuite laver ses pieds trois fois ou les laisser à la fin. (voir plus bas les détails sur cette question)
6. **Verser de l'eau** (**O**) sur sa tête trois fois en faisant pénétrer l'eau à l'intérieur de ses cheveux, et sa barbe (pour qui en porte !).

7. **Verser de l'eau** (**O**) sur le haut du corps (le cou et le buste) et la partie droite, en veillant à faire passer l'eau à l'intérieur des oreilles, sous les aisselles, dans le nombril.

   Accompagner le passage de l'eau par un léger frottement (léger massage دلك) (**R**).

   Faire de même avec la partie gauche (**O**).

8. Verser de l'eau sur la partie basse droite du corps (cuisse et jambe) (**O**) puis faire de même pour la partie gauche, en accompagnant le passage de l'eau avec la main (léger massage), faire passer l'eau entre les orteils (**R**).

9. Terminer par laver les pieds si cela n'a pas été fait auparavant (lors des petites ablutions).

10. Il est recommandé de dire, une fois les ablutions terminées, l'invocation suivante (**R**) :

أَشْهَدُ أَنْ لَا إِلَـهَ إِلَّا اللهُ وَحْدَهُ لَا شَرِيكَ لَهُ وَأَشْهَدُ أَنَّ مُحَمَّدًا
عَبْدُهُ وَرَسُولُهُ. اللَّهُمَّ اجْعَلْنِي مِنَ التَّوَّابِينَ وَاجْعَلْنِي مِنَ الْمُتَطَهِّرِينَ.

J'atteste qu'il n'y a de divinité que Dieu l'Unique, sans aucun associé. Et j'atteste que Muḥammad est Son serviteur et Son Envoyé. Seigneur, place-moi avec les repentants et ceux qui se purifient.

Ash-hadu an-lâ ilâha illa Llâhu waḥdahu lâ sharîka lah.

Wa ash-hadu anna muḥammadan 'abduhu wa rasûluh.

Allâhumma j'alnî mina t-tawwâbîna wa j'alnî mina l-mutaṭahhîrîn.

3.3. Règles diverses concernant les grandes ablutions

1. Toute personne en état de souillure majeure (*junub*) ou de règles **peut couper** ses ongles, ses cheveux, etc. Aucune interdiction ou répréhension n'existe à ce sujet.
2. On peut toujours utiliser après les ablutions (grandes ou petites) des serviettes pour assécher les membres mouillés, si on le désire.
3. Après avoir effectué ses grandes ablutions de la manière décrite (petites ablutions suivies des grandes), le croyant est apte à accomplir la prière (ainsi que le *ṭawâf*). Il est en état de pureté complète.

4. Les petites ablutions

Les petites ablutions (*wuḍû'*), en plus des grandes (*ghusl*) **sont exigibles** de l'homme et de la femme à chaque fois qu'elles sont rompues par divers éléments pour accomplir les prières, le *ṭawâf*. Elles comportent des obligations et des recommandations prophétiques.

Elles sont recommandées (*sunna*) à tout moment de la journée, et particulièrement pour lire le Coran, avant de dormir, avant de voyager, lors de l'invocation et de l'imploration de Dieu (*du'â'*) comme nous le verrons plus loin. Nous détaillons tout cela dans les paragraphes qui suivent.

4.1. Les actes invalidant les petites ablutions

Les actes invalidant les petites ablutions (appelées en arabe *ḥadath aṣghar* حدث أصغر) sont détaillés dans ce qui suit.

A. Tout élément sortant des deux orifices naturels

Tout élément sortant des deux orifices naturels invalide les petites ablutions (*wuḍû'*) :

- urine, selles et gaz ;
- toute autre sortie d'excrétions de l'appareil urinaire et génital : sécrétions après l'urine (*wadyu*), liquide pré-éjaculatoire (*madhyu*), sperme (*maniyy*). (voir pour plus de détails pp. 92 et suivantes)
  Nous rappelons que la sortie de sperme entraîne l'obligation des grandes ablutions.

B. Toucher son sexe

Les petites ablutions sont invalidées après avoir **touché son sexe directement** sans tissu interposé avec la paume de la main.

C. Perte de connaissance

La perte de connaissance invalide les petites ablutions. Elle peut être volontaire ou involontaire et prendre les formes suivantes :

- perte de connaissance volontaire telle que le sommeil profond ;
- perte de connaissance involontaire telle que la perte de perception ou de la raison suite à la prise de médicaments, de maladie ou d'accident ou de prise de boissons enivrantes, stupéfiants… Dans de tels cas, celui qui a perdu connaissance ou la raison ne sait plus s'il est encore en état d'ablutions ou non ; il devra faire ses petites ablutions dès le retour à la conscience normale.

4.2. Les obligations des petites ablutions

Les obligations sont les éléments fondamentaux sans lesquels les petites ablutions ne sont pas valables dans les conditions normales. Elles sont au nombre de six, tirées du verset cité plus haut (Coran La Table 5/6) :

1. **L'intention (*niyya*).**
2. **Laver le visage (au moins une seule fois)** : il s'agit de faire couler de l'eau sur le visage, c'est-à-dire ce qui est compris entre le front (compris) jusqu'au bout du menton (compris), et entre les deux oreilles en largeur.
3. **Laver les bras (au moins une fois)** jusqu'aux coudes compris.
4. **Passer, une seule fois, les mains** mouillées sur la tête, dans le sens de l'essuyer.

   On commence par la partie avant jusqu'à la partie arrière, puis l'on ramène ses mains jusqu'à l'avant. On peut se suffire d'une partie de la tête pour remplir l'obligation.
5. **Laver les pieds (au moins une seule fois)** jusqu'aux chevilles.
6. **Suivre l'ordre énuméré** comme le montre le verset cité plus haut.

4.3. Les petites ablutions pas à pas

Nous mentionnons, dans ce qui suit, comment opérer les petites ablutions, telles que les a enseignées le Prophète (ﷺ), en indiquant aussi bien les obligations que les recommandations.

Exemple : **Laver le visage** (O) trois fois (R) veut dire laver le visage une fois est une obligation (d'où la lettre O) et les laver deux fois, en plus de la première, est une recommandation (d'où la lettre R). Les obligations sont mises en gras.

1. Prendre **l'intention** (**O**) en son cœur.
2. Commencer en disant (R) : بِسْمِ اللهِ الرَّحْمَـٰنِ الرَّحِيمِ Au Nom de Dieu, le Tout Miséricordieux, le Très Miséricordieux. *Bismi-Llâhi r-raḥmâni r-raḥîm*
3. Se laver les mains trois fois (R) au début des ablutions en commençant par la droite (R). 

4. Se rincer la bouche trois fois (R).

5. Se rincer le **nez** trois fois en inspirant et expirant de l'eau (R). Le Prophète inspirait l'eau de sa main droite, et l'expirait par sa main gauche (R).

6. Laver le visage (O) trois fois (R).

7. **Laver les bras** jusqu'aux coudes (**O**) trois fois (R), en les dépassant légèrement (R). Commencer par la droite puis la gauche (R).

8. **Essuyer sa tête** une seule fois de ses deux mains mouillées (**O**) de l'avant vers l'arrière, puis revenir de l'arrière vers l'avant (R).

9. Essuyer les oreilles (R) en introduisant l'index dans l'oreille externe en accompagnant le mouvement par le pouce frottant l'arrière de l'oreille, une seule fois.

10. Laver ses pieds jusqu'aux chevilles (**O**) trois fois (R), en commençant par le droit, puis le gauche (R).

11. Finir par l'invocation (*du'â'*) (R) :

أَشْهَدُ أَنْ لَا إِلَـهَ إِلَّا اللهُ وَحْدَهُ لَا شَرِيكَ لَهُ وَأَشْهَدُ أَنَّ مُحَمَّدًا عَبْدُهُ وَرَسُولُهُ.

اللَّهُمَّ اجْعَلْنِي مِنَ التَّوَّابِينَ وَاجْعَلْنِي مِنَ الْمُتَطَهِّرِينَ.

J'atteste qu'il n'y a de divinité que Dieu l'Unique, sans aucun associé. Et j'atteste que Muḥammad est Son serviteur et Son Envoyé. Seigneur, fais que je sois avec les repentants et ceux qui se purifient.

Ash-haddu an-lâ ilâha illa Llâhu waḥdahu lâ sharîka lahu, wa ash-haddu anna muḥammadan 'abduhu wa rasûluhu.

Allâhumma j'alnî mina t-tawwâbîna wa j'alnî mina l-mutaṭahhîrîn.

4.4. Règles diverses concernant les petites ablutions

Veiller aux éléments suivants :

1. Faire pénétrer (R) l'eau à **l'intérieur de la barbe**, l'objectif étant qu'elle atteigne la peau dans la mesure du possible.
2. Faire passer l'eau **entre les doigts de la main** (R) ainsi **qu'entre les orteils** (R).
3. Il est aussi recommandé de faire bouger les bagues (R) portées aux doigts afin que l'eau touche toutes les parties obligatoires.
4. Commencer par la **partie droite** (R) à chaque fois : ainsi laver la main droite avant la gauche, le pied droit avant le gauche.
5. **Frotter** (masser *dalk* دَلْك) (R) les membres au passage de l'eau ou juste après.
6. **Ne pas marquer un temps** d'arrêt important entre les mouvements successifs (*al-muwâlât* الموالاة), ni faire de gestes étrangers aux ablutions entre deux mouvements.
7. **Économiser l'eau** des ablutions même si l'on se trouve au bord d'une rivière !
8. Il n'y a aucune interdiction à parler de choses licites durant les ablutions.
9. Il n'existe pas d'invocations spécifiques propres au lavage de chaque membre du corps humain ou partie.
10. S'il y a un doute quant au nombre de lavages (un, deux ou trois), considérer que la certitude est toujours auprès du nombre le plus petit, et compléter à trois.

11. De même, s'il y a un doute, si un membre ou une partie a été lavé ou non, et s'il n'y a pas de trace d'eau, reprendre les ablutions à partir de ce point.
12. **Les personnes malades d'incontinence** urinaire ou gazeuse, la femme qui a des hémorragies (*istiḥâḍa*) en dehors des périodes de règles normales, font les ablutions une seule fois à chaque prière. Elles continuent leur prière jusqu'à la fin, même si, durant la prière, il y a eu sortie d'urine, de gaz ou de sang.
13. On peut se faire aider par une autre personne durant les ablutions.

5. L'ablution sèche (*tayammum*)

Comme nous l'avons dit précédemment, la purification se fait par une eau pure. Mais, dans certains cas précis (détaillés dans le paragraphe suivant), l'Islam permet de surseoir à l'utilisation de l'eau et recommande d'utiliser des ablutions symboliques sèches appelées *tayammum*.

Dieu a légitimé l'utilisation de l'ablution sèche et ses conditions dans le verset suivant, déjà cité auparavant :

﴾ **Si vous êtes malades ou en voyage, ou si vous venez de satisfaire vos besoins naturels, ou si vous avez touché vos femmes et que vous ne trouviez pas d'eau, alors recourez à une terre pure, et essuyez-vous-en vos visages et vos mains. Dieu, en vérité, est Indulgent et Pardonneur.**﴿ Coran (Les Femmes 4/43)

Les ablutions sèches (*tayammum*) seront donc utilisées pour lever aussi bien les souillures mineures, exigeant les petites ablutions (*wuḍû'*), que les souillures majeures (*janâba*), exigeant les grandes ablutions (*ghusl*), que la personne soit résidente ou en voyage, y compris pour la femme dont le sang des règles ou des couches s'est tari.

5.1. Les conditions permettant l'utilisation du tayammum

Il est permis (voire obligé dans certains cas) d'effectuer les ablutions sèches dans les conditions suivantes :

- **Si la personne ne trouve pas d'eau**, ou qu'elle en trouve peu de sorte qu'elle ne suffise point à la purification.
- **Si la personne est malade ou blessée** et que l'utilisation de l'eau soit déconseillée pour sa maladie ou ses blessures soit en aggravant son état, soit en retardant la guérison, selon l'avis de son médecin, alors elle peut utiliser le *tayammum* autant de temps que sa guérison le demande.
- **Si l'eau est tellement froide** qu'elle pourrait entraîner des conséquences malheureuses sur la santé de la personne et que cette dernière ne peut la chauffer.
- **Si la personne peut trouver de l'eau** qui ne se trouve pas loin, mais qu'elle est **empêchée** d'y accéder par un ennemi, des bêtes, ou une insécurité si grande sur sa propre personne, ses biens, sa famille qu'elle court un risque réel.
- **Si la quantité d'eau pure en sa possession est limitée** et suffit juste pour ses besoins alimentaires (boisson, cuisine) ou sanitaire (propreté nécessaire, selles par exemple), la personne peut procéder à des ablutions sèches.

5.2. Avec quoi se font les ablutions sèches

Il est permis, pour effectuer les ablutions sèches, d'utiliser la terre pure et ce qui s'y apparente : le sable, la pierre, le gypse...Beaucoup de savants (dont Ibn 'Uthaymîn) permettent d'utiliser de la porcelaine ou le mur, même s'ils ont été transformées et peints, du moment qu'ils comportent de la terre (argile etc.).

5.3. Comment se font les ablutions sèches

Les ablutions sèches (*tayammum*) consistent en deux éléments : passer (ou frapper légèrement de) ses deux mains sur la terre pure (ou le sable ou la pierre), puis de les faire passer sur son visage et ses mains jusqu'aux poignées.

Certains savants préconisent de passer **une seule fois** la main sur la terre puis s'en essuyer le visage et les mains, d'autres plutôt de passer **deux fois** la main sur la terre **: une première** pour s'essuyer le visage, et une seconde pour s'essuyer les mains (paume et dos).

Dans la pratique :

Prendre **l'intention** de se purifier. Puis prononcer la **formule de commencement** de toute chose :

بِسْمِ اللهِ الرَّحْمَـٰنِ الرَّحِيمِ.

Au nom de Dieu le Tout Miséricordieux, le Très Miséricordieux.

Bismi-Llâhi r-raḥmâni r-raḥîm

1ère **façon :**

1. **Passer les deux mains** sur la terre pure (ou sable ou pierre).

2. **Essuyer** :
   - son visage de l'extrémité frontale jusqu'au menton, en couvrant les deux côtés du visage ;

   - **puis** ses mains (la paume et le dos) jusqu'aux poignées.

2ème façon :

1. **Passer les deux mains sur** la terre pure (sable, pierre).

2. **Puis essuyer** son visage de l'extrémité frontale jusqu'au menton, en couvrant les deux côtés du visage.

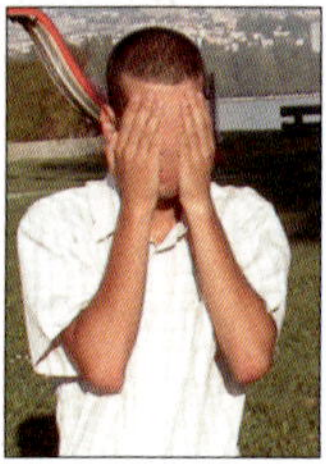

3. Passer encore **une deuxième fois,** les deux mains sur la terre pure, **puis** essuyer ses mains (la paume et le dos) jusqu'aux poignées.

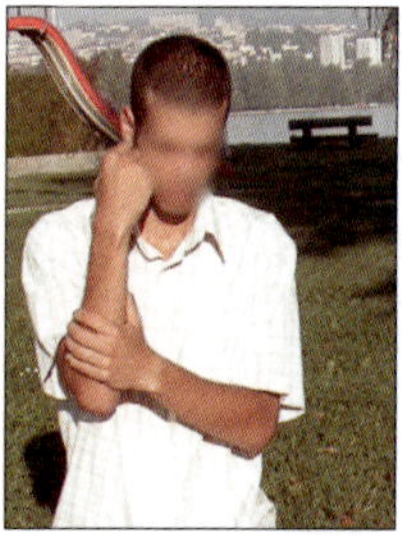

On peut, en essuyant ses mains, aller jusqu'aux coudes.
Faire tout cela **une seule fois (non trois !).**

5.4. Ce qui est permis par les ablutions sèches

Le *tayammum* remplaçant les ablutions par l'eau, il permet de faire ce qui est permis par les ablutions : la prière, le *ṭawâf*, toucher le Coran, avec les spécifications suivantes cependant :

- Un *tayammum* est nécessaire **par prière obligatoire** ; le priant doit refaire ses ablutions sèches à chaque prière obligatoire.
- Un *tayammum* est suffisant par prière obligatoire suivie de prières surérogatoires en nombre illimité (l'ordre, prières obligatoires puis surérogatoires, est important).
- Par contre, un *tayammum* est obligatoire pour les prières surérogatoires puis encore un *tayammum* pour une prière obligatoire qui les suivrait.
- Un *tayammum* est suffisant pour une ou plusieurs prières funéraires successives.
- Un *tayammum* est suffisant pour une prière obligatoire suivie par une ou plusieurs prières funéraires successives.

5.5. Ce qui invalide les ablutions sèches

Les ablutions sèches sont invalidées par tout ce qui invalide les ablutions petites et grandes. De même, les ablutions sèches ne sont plus valides dès la présence de l'eau (pour celui qui n'en avait pas ou en quantité insuffisante), ou de la possibilité de l'utiliser (pour celui qui ne le pouvait).

Notes :

5. Touché vos femmes, au sens d'accomplissement de l'acte sexuel.

6. Appelée elle aussi en arabe *maniy* par les *fuqahâ'*.

***

3
Accomplir la prière

1. Les mots arabes translittérés utilisés

Nous utiliserons un certain nombre de mots translittérés dont voici le sens :

- *takbîr* : prononcer la formule « *Allâhu Akbar* » (Dieu est plus Grand) ;
- *Fâtiḥa* : c'est le premier chapitre du Coran qui est à lire dans tout cycle de prière ;
- *rukû'* : c'est la position inclinée ;
- *sujûd, sajda* : la (une) prosternation ;
- *qiyâm* : se (re)mettre debout ;
- *taslîm* : prononcer la salutation finale « *As-salâmu 'alaykum* » (la paix soit sur vous) pour terminer la prière ;
- *tashahhud* : prononcer la formule correspondante composée de l'attestation de foi et de la salutation au Prophète (ﷺ).

2. Les différentes prières obligatoires

Nous récapitulons, dans ce tableau, les prières et leurs temps d'accomplissement :

Prières obligatoires		Temps d'accomplissement	Nombre de cycles de prière (*raka'ât*)
Quotidiennes	*Ṣubḥ (fajr)*	Aube ➔ lever du soleil	2
	Ẓuhr	Dès que le soleil dépasse le zénith ➔ temps du *'aṣr*.	4
	'Aṣr	Dès que le soleil dépasse la moitié de son parcours jusqu'au coucher.	4
	Maghrib	Dès le coucher du soleil.	3
	'Ishâ'	Dès que les dernières rougeurs du ciel disparaissent.	4
	Vendredi	Temps du *ẓuhr*	2

Comme on le voit, la prière est composée d'un certain nombre de cycles de prière, cycle appelé *rak'a* (ركعة).

Nous allons d'abord définir le cycle de prière à travers la prière du *ṣubḥ*, puis procéder à l'explication pratique des différentes prières.

3. De quoi se compose un cycle de prière

Chaque prière est composée, selon les cas, d'un, deux, trois ou quatre cycles de prière (*rak'a* pluriel *raka'ât*). Un cycle de prière est composé des éléments suivants dans l'ordre :

1. **Un** ***takbîr*.**
2. **Lecture** de la *Fâtiḥa*, en position debout, puis **lecture** de passages coraniques pour les deux premiers cycles de toutes les prières seulement.
3. **Inclinaison** (*rukû‘*) : incliner son buste à la fin de la lecture, en le maintenant droit, dans la mesure du possible, et y rester le temps de prononcer au moins une fois la formule spécifique.
4. **Se remettre debout** (*qiyâm*), y rester le temps de remettre le dos bien droit, et prononcer les deux formules correspondantes (voir plus bas).
5. **Prosternation** : se prosterner, front et nez contre terre, et y rester un moment, le temps de prononcer, au moins une fois, la formule spécifique.
6. **Se relever** de la prosternation et y rester un léger moment.
7. Faire encore une deuxième prosternation dans les mêmes conditions.
8. Se relever de cette seconde prosternation. Ensuite, selon le cas, soit rester assis ou se relever pour un deuxième cycle.

Figure 2 : illustration d'un cycle de prière (*rak'a*)

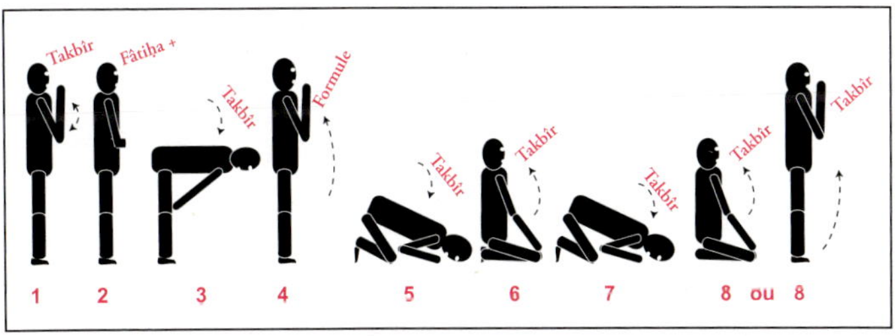

4. Accomplir la prière du ṣubḥ

Dans ce paragraphe, nous verrons comment accomplir la prière du *ṣubḥ*. Elle constitue l'exemple le plus simple. En effet, elle ne comporte que **deux cycles**. Ainsi, nous verrons :

1. Comment débuter la prière.
2. Comment accomplir un cycle de prière.
3. Puis accomplir le deuxième cycle.
4. Après deux cycles (*raka'ât*), prononcer l'attestation de foi, le *tashahhud*.
5. Comment terminer la prière.

Nous indiquons l'obligation par un (**O**) et les recommandations par un (R).

Nous verrons par la suite comment accomplir les autres prières nous basant sur celle du *ṣubḥ*.

4.1. Comment débuter la prière

Formulation de l'intention

- Se mettre debout face à la *qibla* (**O**)
- Formuler l'intention en son cœur d'accomplir la prière correspondante (dans notre cas *ṣubḥ*). (**O**)
- Prononcer (R) l'annonce de prière (*iqâma*, voir en seconde partie du livre).

1

Début de la prière

- Lever les mains à hauteur des oreilles (ou des épaules), paumes en avant (R).
- Prononcer le *takbîr** (**O**) :

Allâhu Akbar الله أكبر

Dieu est plus Grand.

---

* Ce premier *takbîr*, obligatoire, est dit de la sacralisation, *takbîratu l-iḥrâm*. Les autres *takbîr* (R) sont ceux de la transition.

4.2. Comment accomplir un cycle de prière (rak'a)

2

Station debout et lectures coraniques

- On peut dire dans son cœur (R) :

أَعُوذُ بِاللهِ مِنَ الشَّيْطَانِ الرَّجِيمِ.

بِسْمِ اللهِ الرَّحْمَـٰنِ الرَّحِيمِ.

Je me réfugie auprès de Dieu contre le diable lapidé. Au nom de Dieu le Tout Miséricordieux, le Très Miséricordieux.

A 'ûdhû bi-Llâhi mina shayṭâni r-rajîm. Bismi-Llâhi r-raḥmâni r-raḥîm.

- Puis réciter la *Fâtiḥa* **(O).**
- À la fin de la lecture, dire (R) :

« *Âmîn* » آمِينْ

[Seigneur], Exauce ma demande.

- Lire quelques passages coraniques* (R)

----

* Lire des passages coraniques (chapitre ou versets) dans les deux premiers cycles de prière seulement. Voir plus bas les détails.

Positions et posture des mains durant la récitation coranique (toutes rapportées du Prophète (ﷺ)) :

- **Positions des mains :**

sur le bas de la poitrine

sur le nombril

- **Posture des mains :**

bras droit posé sur le gauche

main droite posée sur la gauche

main droite tenant le poignet de la main gauche

3

L'inclinaison *(rukû')*

- Prononcer le *takbîr* (R) en amorçant le mouvement tout en levant les deux mains à hauteur des épaules comme dans le premier *takbîr* (R).

- **Incliner son buste (O)** à l'horizontale en posant les deux mains sur les genoux (R). **Y rester un moment** jusqu'à ressentir de la quiétude (**O**).
- Dire trois fois le *tasbîḥ* suivant (R) :

سُبْحَانَ رَبِّيَ العَظِيم.

Gloire à mon Seigneur, le Majestueux.

subḥâna rabbiya l-aẓîm.

4

Se relever de l'inclinaison

- Relever le buste, se remettre en position debout (**O**) ; mettre le dos bien droit (**O**), tout en levant les deux mains à hauteur des épaules (R).
- Prononcer la formule suivante (R) en se relevant :

سَمِعَ اللهُ لِمَنْ حَمِدَهُ.

Dieu entend celui qui fait Sa louange.

sami'a Llâhu liman ḥamidah.

- Puis la formule suivante (R) en position debout :

رَبَّنَا وَ لَكَ الْحَمْدُ.

Seigneur, toutes les louanges Te sont adressées.

rabbanâ wa laka l-ḥamd.

5

La première prosternation, *sajda*

- Prononcer le *takbîr* (R) en amorçant le mouvement de descente.

- Se prosterner (**O**) et rester dans cette posture jusqu'à la quiétude (**O**) : le front, les paumes, les genoux et l'extrémité des orteils (au total sept parties du corps) doivent toucher le sol (**O**).
- Dire le *tasbîḥ* suivant (R) 3 fois (R) :

سُبْحَانَ رَبِّيَ الأَعْلَى.

Gloire à mon Seigneur, le Très-Haut.

subḥâna rabbiya l-a'lâ.

Postures des pieds durant la prosternation (R) :

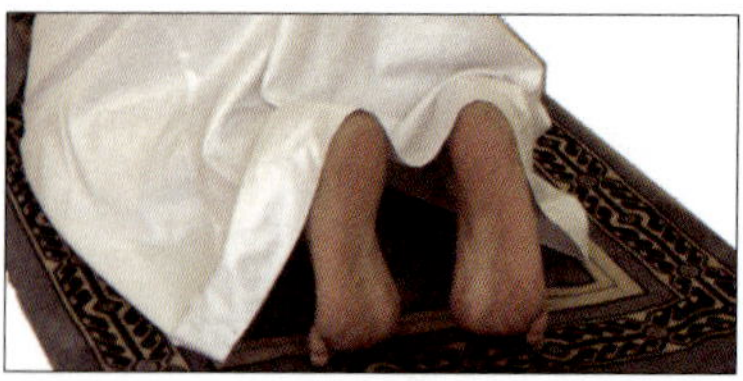

6

Se relever de la prosternation et position assise *julûs* :

- Prononcer le *takbîr* en se relevant (R).
- Relever le buste (**O**) et la tête en s'asseyant, le séant reposant sur le pied gauche étendu mis à plat (R), les mains sur les genoux (R), y rester un moment de quiétude (**O**).

Posture des pieds durant la position assise :

Recommandée	Permise	Permise
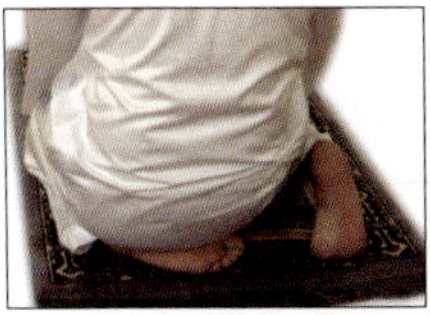		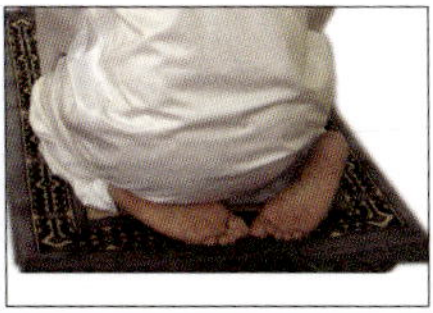

7

La deuxième prosternation

- Effectuer la deuxième prosternation tout comme la première (**O**).
- Prononcer le *takbîr* (R) en se prosternant.
- Prononcer le *tasbîḥ* (R) 3 fois (R) :

سُبْحَانَ رَبِّيَ الأَعْلَى

subḥâna rabbiya l-a'lâ.

(Gloire à mon Seigneur, le Très-Haut.)

8

Se relever de la deuxième prosternation :

- Prononcer le *takbîr* de transition (R).
- Relever le buste et la tête (**O**).
- Se relever complètement pour effectuer un second cycle, ou rester assis pour terminer deux cycles.

Ainsi se termine le premier cycle de prière (*rak'a*) du *ṣubḥ*. Il nous faut accomplir le deuxième cycle.

4.3. Le deuxième cycle de prière

Pour accomplir un second cycle, il faut reprendre les paroles et gestes dans l'ordre : **de 1 à 8.**

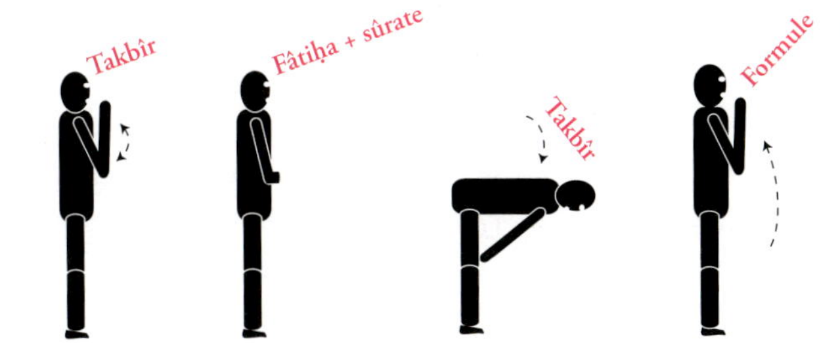

1	2	3	4
se mettre en position debout tout en prononçant le *takbîr*	Lecture de la *Fâtiḥa* + passages coraniques	inclinaison, *takbîr* + *tasbîḥ*	se relever de l'inclinaison, les formules

5	6	7	8
prosternation	se relever et rester assis	2ème prosternation	se remettre assis

Arrivé à cette position, il faut réciter le *tashahhud* puis la salutation finale *taslîm* comme nous le verrons dans ce qui suit.

4.4. Après deux cycles de prière : le tashahhud

Après deux cycles de prière, réciter le *tashahhud* (attestation de foi spécifique) alors que l'on est en position assise.

Tashahhud

À la fin du deuxième cycle de prière, rester assis le temps de prononcer le *tashahhud* (voir le texte plus bas) (R).

- Poser la main gauche sur le bas de la cuisse gauche, et de même pour la main droite sur le bas de la cuisse droite (R) ;
- **Postures de la main droite.** Les trois façons suivantes ont été rapportées du Prophète (voir photos suivantes).

(A) : on peut lever légèrement l'index droit durant le *tashahhud* la main toujours posée à plat.

(B) : on peut aussi former un poing avec la main droite avec l'index redressé en avant et faisant des cercles.

(C) : on peut poser les deux mains sur les cuisses.

A

B

C

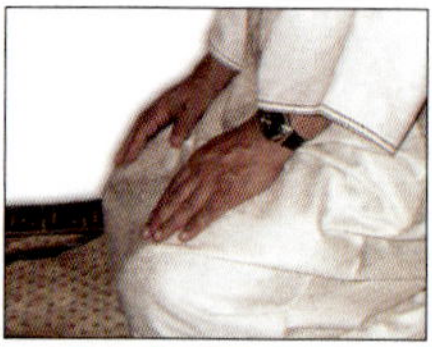

Les postures de la position assise lors du *tashahhud*

Il y a deux postures recommandées lors de la position assise, l'un lors du premier *tashahhud* et la seconde lors du *tashahhud* final. Dans les deux cas, le pied droit est redressé, les orteils regardant vers la *qibla* (R), dans la mesure du possible. En plus, le séant repose différemment comme suit :

Premier *tashahhud*
le séand reposant sur le pied gauche étendu.

Dernier *tashahhud*
le séand reposant sur le sol, le pied gauche replié.

Autrement procéder comme on peut selon les deux postures suivantes (ou autrement) :

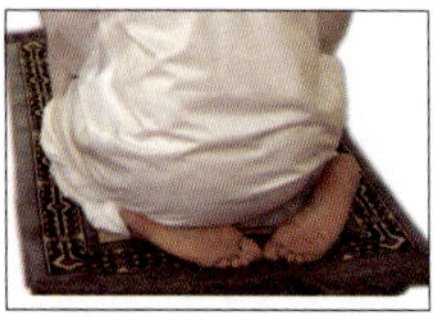

La forme du tashahhud

Le *tashahhud* est une recommandation très forte. Elle approche l'obligation. Il existe plusieurs versions très légèrement différentes. Nous avons choisi l'une d'elles. Les autres sont tout aussi valables.

التَّحِيَّاتُ للهِ الزَّاكِيَاتُ للهِ الطَّيِّبَاتُ الصَّلَوَاتُ للهِ. السَّلَامُ عَلَيْكَ أَيُّهَا النَّبِيُّ وَرَحْمَةُ اللهِ وَبَرَكَاتُهُ. السَّلَامُ عَلَيْنَا وَعَلَى عِبَادِ اللهِ الصَّالِحِينَ.

أَشْهَدُ أَنْ لَا إِلَـهَ إِلَّا اللهُ وَأَشْهَدُ أَنَّ مُحَمَّدًا عَبْدُهُ وَرَسُولُهُ.

Le règne est à Dieu ainsi que les prières pures et les bénédictions. Que le salut soit sur toi, ô Prophète, ainsi que la miséricorde de Dieu et Ses bienfaits. Que le salut soit sur nous et sur les pieux adorateurs de Dieu. J'atteste qu'il n'y a de dieu que Dieu et que Muḥammad est Son serviteur et Son Envoyé.

At-taḥiyâtu li-Llâh, az-zâkiyâtu li-Llâh, aṭ-ṭayyibâtu aṣ-ṣalawâtu li-Llâh, as-salâmu 'alayka ayyuha n-nabîyyu wa raḥmatu Llâhi wa barakâtuh, as-salâmu 'alaynâ wa 'alâ 'ibâdi Llâhi ṣ-ṣâliḥîn.

ash-hadu al-lâ ilâha illa Llâh wa ash-hadu anna Muḥammadan 'abduhu wa rasûluh.

La prière pour le Prophète (ﷺ)

Après avoir récité le *tashahhud*, le priant récite une prière pour le prophète Muḥammad. On peut réciter la suivante appelée « la prière abrahamique » (الصلاة الإبراهيمية) :

اللَّهُمَّ صَلِّ عَلَى مُحَمَّدٍ وَعَلَى آلِ مُحَمَّدٍ كَمَا صَلَّيْتَ عَلَى إِبْرَاهِيمَ وَعَلَى آلِ إِبْرَاهِيمَ ، وَ بَارِكْ عَلَى مُحَمَّدٍ وَعَلَى آلِ مُحَمَّدٍ كَمَا بَارَكْتَ عَلَى إِبْرَاهِيمَ وَعَلَى آلِ إِبْرَاهِيمَ، فِي الْعَالَمِينَ إِنَّكَ حَمِيدٌ مَجِيدٌ .

Seigneur, accorde le salut à Muḥammad ainsi qu'à sa famille, comme Tu l'as accordé à Ibrâhîm et sa famille, et bénis Muḥammad ainsi que sa famille, comme Tu as béni Ibrâhîm et sa famille dans les univers. Tu es digne de louanges et de glorifications.

Allâhumma ṣalli ʿalâ muḥammadin wa ʿalâ âli muḥammadin kamâ ṣallayta ʿalâ ibrâhima wa ʿalâ âli ibrahîm, wa bârik ʿalâ muḥammadin wa ʿalâ âli muḥammadin kamâ bârakta ʿalâ ibrâhima wa ʿalâ âli ibrahîma, fil ʿâlamîna, innaka ḥamîdun majîd.

4.5. Terminer la prière : la salutation finale

Pour finir la prière :

Terminer la prière

- Prononcer la **salutation de sortie** (O) de la prière *taslîm* :

السَّلَامُ عَلَيْكُمْ وَرَحْمَةُ اللهِ.

Que la paix soit sur vous ainsi que la miséricorde de Dieu.

as-salâmu ʻalaykum wa raḥmatu Llâh.

une fois, en tournant le visage vers la droite,

puis encore une fois en tournant le visage vers la gauche.

La salutation finale taslîm

Trois formules peuvent être utilisées dans la salutation finale. La plus utilisée est la première (citée plus haut). Les deux suivantes sont aussi valables :

السَّلَامُ عَلَيْكُمْ وَرَحْمَةُ اللهِ وَبَرَكَاتُهُ.
Que le salut soit sur vous, ainsi que la miséricorde de Dieu et Sa bénédiction.
As-salâmu 'alaykum wa raḥmatu Llâhi wa barakâtuhu.

ou

السَّلَامُ عَلَيْكُمْ.
Que le salut soit sur vous.
As-salâmu 'alaykum.

Récapitulatif pour la prière du *ṣubḥ*

Prière	Nombre	Lectures coraniques
Ṣubḥ (*fajr*)	2	1er : *Fâtiḥa* + passages coraniques **Voix haute**
		2ème : *Fâtiḥa* + passages coraniques **Voix haute**

5. Comment accomplir les autres prières

Les tableaux suivants et les illustrations correspondantes renseignent sur l'agencement des différents cycles de prière selon les différentes prières.

5.1. Les prières du ẓuhr, 'aṣr et 'ishâ'

Le priant effectue :

- un premier cycle, *Fâtiḥa* + *sûrate*, (1 à 7) ;
- puis se lève (8) en prononçant un *takbîr* ;
- puis effectue un deuxième cycle (9), *Fâtiḥa* + *sûrate* ;
- après la deuxième prosternation, reste assis et prononce le *tashahhud* (10) ;
- puis se lève (11), et lève ses mains à hauteur des épaules tout en prononçant un *takbîr* ;
- accomplit le troisième cycle (12 et 13), *Fâtiḥa* seule ;
- puis accomplit un quatrième cycle (14) ;
- puis termine sa prière par le *tashahhud* (15) suivie de la salutation au Prophète (ﷺ) puis la salutation finale (*taslîm*)(16).

Figure 4 : Illustration de la prière du *ẓuhr, 'aṣr et 'ishâ'*

Prière	Nombre	Lectures coraniques
Ẓuhr *'Aṣr*	4	1er : *Fâtiḥa* + passages coraniques **Voix basse**
		2ème : *Fâtiḥa* + passages coraniques **Voix basse**
		3ème : *Fâtiḥa*. **Voix basse**
		4ème : *Fâtiḥa*. **Voix basse** À la fin de la 4ème : *tashahhud* final puis *taslîm*
'Ishâ'	4	1er : *Fâtiḥa* + passages coraniques **Voix haute**
		2ème : *Fâtiḥa* + passages coraniques **Voix haute**
		3ème : *Fâtiḥa*. **Voix basse**
		4ème : *Fâtiḥa*. **Voix basse** À la fin de la 4ème : *tashahhud* final puis *taslîm*.

5.2. La prière du maghrib

Le priant effectue :

- un premier cycle (1 à 7), puis se relève (8) ;
- puis un deuxième cycle (9) ;
- reste assis et prononce le *tashahhud* (10) ;
- puis se relève (11), en levant ses mains à hauteur des épaules et prononçant un *takbîr*, et accomplit le troisième cycle (12) ;

• suivi d'un *tashahhud* et de la prière pour le Prophète (13) puis la salutation finale (*taslîm*)(14).

Figure 3 : Illustration de la prière du *maghrib*

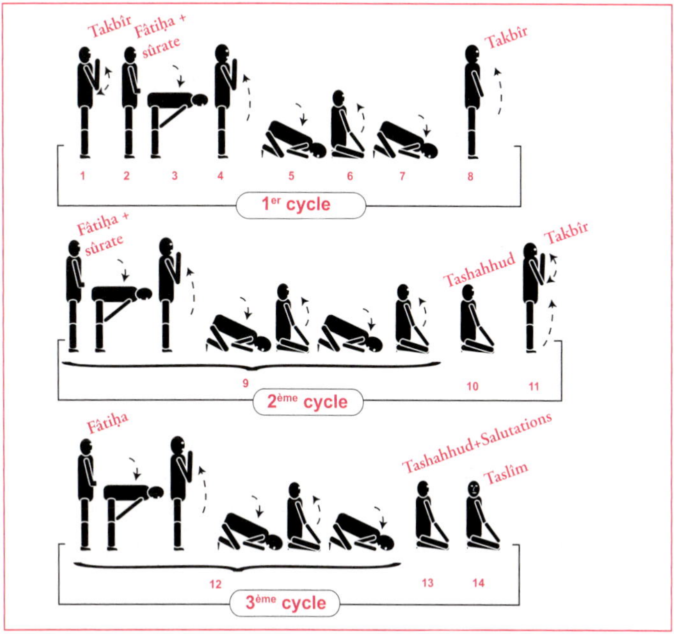

Prière	Nombre	Lectures coraniques
Maghrib	3	1er : *Fâtiḥa* + passages coraniques **Voix haute**
		2ème : *Fâtiḥa* + passages coraniques **Voix haute**
		3ème : *Fâtiḥa* **Voix basse**

6. Les deux plus importantes prières surérogatoires (*nâfila*)

À ces cinq prières quotidiennes obligatoires sont jointes **deux autres prières surérogatoires** (*nâfila*), non obligatoires mais de très grande recommandation prophétique (*sunna mu'akkada*) qu'aucun croyant ne pourrait ni ne saurait délaisser :

1. **Une prière de deux cycles** (*raka'ât*) **avant la prière de l'aube** (*ṣubḥ*).

   Elles se font juste après l'appel à la prière (*adhân*). Le Prophète recommandait de lire dans la première le chapitre 109 (*Qul yâ ayyuha l-kâfirûn*) et dans la seconde le chapitre 112 (*Qul huwa Llâhu aḥad*). Mais on peut aussi lire d'autres passages coraniques. La lecture se fait à voix basse.

   Attention, cette prière est souvent appelée dans certaines contrées (notamment au Maghreb) par le nom de *fajr*, et la prière obligatoire est appelée *ṣubḥ*. Cette dénomination n'est pas bonne car elle prêtre à confusion. Dans le Coran et la Sunna, les deux termes renvoient toujours à la prière obligatoire.

2. Une prière d'un cycle appelée ***witr*** (وتر), à accomplir **après la prière de la nuit *'ishâ'*.**

   Elle ne peut pas être effectuée seule, il est nécessaire d'accomplir avant elle une prière de deux cycles (que beaucoup de gens appellent *shaf'* شفع). Ce qui fait un total de trois cycles après la prière de *'ishâ'*.

On peut l'accomplir des deux façons suivantes :

1ère façon :

Deux cycles avec, à la fin, un *tashahhud* final et la salutation *taslîm*.

Puis encore un autre cycle seul avec, à la fin, un *tashahhud* final puis la salutation *taslîm*.

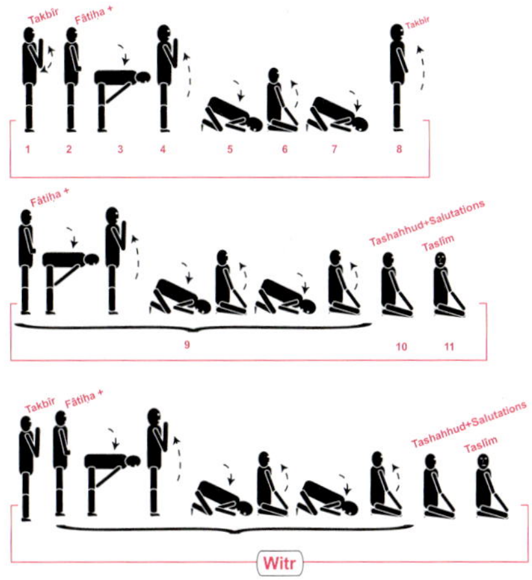

2ème façon :

Deux cycles puis un *tashahhud*, puis **sans** salutation se lever pour accomplir un troisième cycle. Enfin, terminer par un *tashahhud* final suivi par un *taslîm* (comme la prière du *maghrib*).

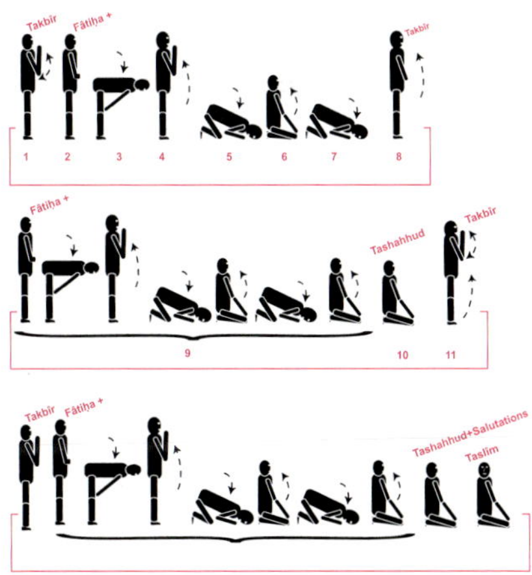

Les lectures coraniques recommandées pour ces prières du *witr* (en plus de la *Fâtiḥa*) :

- pour les deux premiers cycles : *Sabbiḥ* (Coran Le Très-Haut *Al-A'lâ*, 87) dans le premier, et *Qul yâ ayyuha l-kâfirûn* (Coran Les Négateurs109) dans le second ;
- pour le *witr* : *Qul huwa Llâhu aḥad* (Coran La Pureté *Al-Ikhlâṣ* 112) à laquelle on peut ajouter *Qul a'ûdhu bi rabbi l-falaq* (Coran 113) et *Qul a'ûdhu bi rabbi n-nâs* (Coran 114).

Mais on peut lire ce que l'on veut du Coran. Ces lectures peuvent se faire à voix basses ou entendues.

7. Spécifications féminines concernant la prière

Il n'y a aucune spécification féminine concernant la prière, la femme opère exactement comme l'homme :

« La femme opère exactement comme l'homme. » [Ibn Abî Shayba, authentifié par Albânî]

Bukhârî rapporte sur la *ṣaḥabiyya* Umm Dardâ' « qu'elle s'asseyait dans sa prière comme le font les hommes, et qu'elle était savante (*faqîha*). » [Albânî in *Ṣifât ṣalât an-nabiy*]

***

4
Quelques chapitres du Coran à utiliser dans les prières

La lecture de la *Fâtiḥa* est obligatoire dans chaque cycle de prière *rak'a*. Aucun cycle n'est validé sans sa lecture. La *Fâtiḥa* est aussi appelée « la mère du Livre » (*ummu l-kitâb*) pour souligner sa place centrale et son importance cardinale.

Les hadiths obligeant cela sont très nombreux. Nous ne citerons que celui-ci :

« Pas de prière[8] *pour celui qui ne lit pas la Fâtiḥa du Livre. »*
[Muslim (595), Bukhârî (714), Mâlik (174)]

C'est « l'ouverture du Coran », la meilleure et la plus grande de toutes les invocations. Dans cette partie, nous transcrirons la *Fâtiḥa* ainsi que certains petits chapitres coraniques qui serviront, au croyant, pour accomplir sa prière. Ces passages coraniques sont très célèbres et répétés par les croyants. Un effort est donc demandé pour les mémoriser.

1. La Fâtiḥa

بِسْمِ اللهِ الرَّحْمَـٰنِ الرَّحِيمِ

Al-ḥamdu li-Llâhi rabbî l-'âlâmîn,	﴿ الْحَمْدُ لِلهِ رَبِّ الْعَالَمِينَ
﴿ Louange à Dieu, Maître des mondes.	
Ar-raḥmâni r-raḥîm,	الرَّحْمَـٰنِ الرَّحِيمِ
Le Miséricordieux, le Tout Miséricordieux.	
Mâliki yawmi d-dîn,	مَالِكِ يَوْمِ الدِّينِ
Le Maître du Jour dernier.	
Iyyâka na'budu wa iyyâka nasta'în,	إِيَّاكَ نَعْبُدُ وَإِيَّاكَ نَسْتَعِينُ
C'est Toi que nous adorons et de Toi nous demandons l'aide.	
Ihdina ṣ-ṣirâṭa l-mustaqîm,	إِهْدِنَا الصِّرَاطَ الْمُسْتَقِيمَ
Guide-nous dans la Voie droite,	
Ṣirâṭa-lladhîna an'amta 'alayhim,	صِرَاطَ الَّذِينَ أَنْعَمْتَ عَلَيْهِمْ
La voie de ceux que Tu as comblés de bienfaits,	
ghayri l-maghḍûbi 'alayhim wa lâ ḍâ-lîn.	غَيْرِ الْمَغْضُوبِ عَلَيْهِمْ وَلَا الضَّالِّينَ. ﴾
non celle de ceux qui ont mérité Ton courroux, ni celle des égarés. ﴾	

Le Prophète dit : [Muslim (598), Mâlik (174)]

« Dieu dit : “J'ai divisé cette prière[9] entre Moi et Mon serviteur en deux parties, et à Mon serviteur ce qu'il demande.

Lorsque mon Serviteur dit : *Louange à Dieu, Maître des mondes.* Dieu dit : *Mon serviteur M'a loué.*	الحمد لله رب العالمين
Et lorsqu'il dit : *Le Miséricordieux, le Tout Miséricordieux.* Dieu dit : *Mon serviteur M'a rendu hommage.*	الرحمـٰن الرحيم
Et lorsqu'il dit : *Le Maître du Jour dernier.* Dieu dit : *Mon serviteur M'a rendu gloire.*	مالك يوم الدين
Et lorsqu'il dit : *C'est Toi que nous adorons et de Toi nous demandons l'aide.* Dieu dit : *Cela est entre Moi et Mon serviteur. Et à Mon serviteur ce qu'il demande.*	إياك نعبد وإياك نستعين
Et lorsqu'il dit : *Guide-nous dans la Voie droite, la voie de ceux que Tu as comblés de bienfaits, non celle de ceux qui ont mérité Ton courroux, ni celle des égarés.* Dieu dit : *Ceci appartient à Mon serviteur. Et à Mon serviteur ce qu'il demande.*	إهدنا الصراط المستقيم صراط الذين أنعمتَ عليهم غير المغضوب عليهم ولا الضالين

2. À celui qui ne connaît pas la *Fâtiḥa*

Celui qui, pour diverses raisons, ne connaît pas la *Fâtiḥa* peut lire les formules de *dhikr* suivantes (une, deux, trois ou l'ensemble) [Tirmidhî (278), Abû Dâwûd (730)] :

Subḥân Allâh,	سُبْحَانَ اللهِ
Gloire à Dieu	
al-ḥamdu li-Llâh,	الحَمْدُ لِلهِ
Louange à Dieu,	
lâ ilâha illa Llah,	لَا إِلَـهَ إِلَّا اللهُ
Il n'y a point de divinité que Dieu	
Allâhu akbar.	اللهُ أَكْبَرُ.
Dieu est plus Grand.	

On peut ajouter aussi à la fin de ces formules :

lâ ḥawla wa lâ quwwata illâ bi-Llâh	لَا حَوْلَ وَلَا قُوَّةَ إِلَّا بِاللهِ
Point de mouvement ou de force que de Dieu.	

3. Passages coraniques à mémoriser

Voici quelques passages coraniques que nous conseillons de mémoriser. Tout autre passage ou chapitre peut être utilisé pour la prière. Les passages choisis ici sont remarquables quant à leur valeur au sein même du Coran.

1. Chapitre Les Négateurs (109)

الكافرون (قل يا أيها الكافرون)

بِسْمِ اللهِ الرَّحْمَـٰنِ الرَّحِيمِ
﴿ قُلْ يَا أَيُّهَا الْكَافِرُونَ ۞ لاَ أَعْبُدُ مَا تَعْبُدُونَ ۞
qul yâ ayyuhâ l-kâfirûn, lâ a'budu mâ ta'budûn
﴿ Dis : “Ô vous les négateurs ! Je n'adore pas ce que vous adorez.
وَلاَ أَنْتُمْ عَابِدُونَ مَا أَعْبُدُ ۞ وَلاَ أَنَاْ عَابِدٌ مَا عَبَدْتُمْ ۞
wa lâ antum 'âbidûna mâ a'bud, wa lâ ana 'âbidun mâ 'abadtum
Pas plus que vous n'adorez ce que j'adore. Et je ne suis pas adorateur de ce que vous adorez.
وَلاَ أَنْتُمْ عَابِدُونَ مَا أَعْبُدُ ۞ لَكُمْ دِينُكُمْ وَلِيَ دِينِ. ﴾
wa lâ antum 'âbidûna mâ a'bud, lakum dînukum wa liya dînî.
Et vous n'êtes pas adorateurs de ce que j'adore. À vous votre religion, et à moi la mienne.”﴾

2. **Chapitre Le Secours** (110) :

النصر (إذا جاء نصر الله)

بِسْمِ اللهِ الرَّحْمَـٰنِ الرَّحِيمِ
﴿ إِذَا جَاءَ نَصْرُ اللهِ وَالْفَتْحُ ۞ *idhâ jâ'a naṣru Llâhi wa l-fatḥ,*
﴿ Lorsque viendront le secours de Dieu et la victoire,
وَرَأَيْتَ النَّاسَ يَدْخُلُونَ فِي دِينِ اللهِ أَفْوَاجًا ۞ *wa ra'ayta n-nâsa yadkhulûna fî dîni Llâhi afwâjan,*
Et que tu verras les gens entrer par foules successives dans la religion de Dieu ;
فَسَبِّحْ بِحَمْدِ رَبِّكَ وَاسْتَغْفِرْهُ ۞ *fa-sabbiḥ bi-ḥamdi rabbika wa staghfirhu*
Alors glorifie, en Le louant, ton Seigneur ; et demande-Lui pardon.
إِنَّهُ كَانَ تَوَّابًا. ﴾ *innahu kâna tawwâbâ.*
Il est en vérité Celui qui accepte les repentants. ﴾

3. Chapitre La Pureté (112) :

الإخلاص (قل هو الله أحد)

بِسْمِ اللهِ الرَّحْمَـٰنِ الرَّحِيمِ
﴿ قُلْ هُوَ اللهُ أَحَدٌ ۞
qul huwa Llâhu aḥad
﴿ Dis : “C’est Lui Dieu, l’Unique.
اللهُ الصَّمَدُ ۞
Allâhu ṣ-ṣamad
Dieu l’Absolu.
لَمْ يَلِدْ وَلَمْ يُولَدْ ۞
lam yalid wa lam yûlad
Il n’a pas engendré, et n’a pas été engendré.
وَلَمْ يَكُنْ لَهُ كُفُوًا أَحَدٌ.﴾
wa lam yakul lahu kufuwan aḥad.
Et nul n’est égal à Lui.﴾

4. Chapitre L'aube Naissante (113) :

الفلق (قل أعوذ برب الفلق)

بِسْمِ اللهِ الرَّحْمَـٰنِ الرَّحِيمِ
﴿ قُلْ أَعُوذُ بِرَبِّ الْفَلَقِ *qul a'ûdhu bi-rabbi l-falaq*
﴿ Dis : "Je cherche protection auprès du Seigneur de l'aube naissante,
مِنْ شَرِّ مَا خَلَقَ ۞ *min sharri mâ khalaq,*
contre le mal de ce qu'Il a créé,
وَمِنْ شَرِّ غَاسِقٍ إِذَا وَقَبَ ۞ *wa min sharri ghâsiqin idhâ waqab*
Et contre le mal de l'obscurité quand elle s'approfondit,
وَمِنْ شَرِّ النَّفَّاثَاتِ فِي الْعُقَدِ ۞ *wa min sharri n-naffâthâti fi l-'uqad*
Et contre le mal de celles qui soufflent sur les nœuds,
وَمِنْ شَرِّ حَاسِدٍ إِذَا حَسَدَ. ﴾ *wa min sharri ḥâsidin idhâ ḥasad.*
Et contre le mal de l'envieux quand il envie." ﴾

5. Chapitre Les Hommes[10] (114) :

الناس (قل أعوذ برب الناس)

بِسْمِ اللهِ الرَّحْمَـٰنِ الرَّحِيمِ

﴿ قُلْ أَعُوذُ بِرَبِّ النَّاسِ ۞

qul a'ûdhu bi-rabbi n-nâs -

﴾ Dis : "Je cherche protection auprès du Seigneur des hommes,

مَلِكِ النَّاسِ ۞ إِلَـٰهِ النَّاسِ ۞

maliki n-nâs - ilâhi n-nâs

Roi des hommes, Dieu des hommes,

مِنْ شَرِّ الْوَسْوَاسِ الْخَنَّاسِ ۞

min sharri l-waswâsi l-khannâs

contre le mal du tentateur qui se dérobe furtivement,

الَّذِي يُوَسْوِسُ فِي صُدُورِ النَّاسِ

alladhî yuwaswisu fî ṣudûri n-nâs

qui souffle le mal dans les poitrines des hommes,

مِنَ الْجِنَّةِ وَالنَّاسِ. ﴾

mina l-jinnati wa n-nâs.

qu'il soit du nombre des djinns ou des hommes." ﴿

1. Verset du Trône (*âyat al-kursiy*), Coran (La Vache 2/255) :
آية الكرسي

﴿ اللَّهُ لَا إِلَـٰهَ إِلَّا هُوَ الْحَيُّ الْقَيُّومُ.

Allâhu lâ ilâha illâ huwa l-ḥayyu l-qayyûm.

﴿ Dieu ! Point de divinité que Lui, le Vivant, l'Immuable (*al-Qayyûm*).

لَا تَأْخُذُهُ سِنَةٌ وَلَا نَوْمٌ.

lâ ta'khudhuhû sinatun wa lâ nawm.

Ni somnolence ni sommeil n'ont de prise sur Lui.

لَهُ مَا فِي السَّمَاوَاتِ وَمَا فِي الْأَرْضِ.

lahû mâ fi s-samâwâti wa mâ fi l-arḍ.

À Lui appartient tout ce qui est dans les Cieux et sur la Terre.

مَنْ ذَا الَّذِي يَشْفَعُ عِنْدَهُ إِلَّا بِإِذْنِهِ.

man dhâ-l-ladhî yashfa'u 'indahû illâ bi-idhnih.

Qui peut intercéder auprès de Lui sans Sa permission ?

يَعْلَمُ مَا بَيْنَ أَيْدِيهِمْ وَمَا خَلْفَهُمْ.

ya'lamu mâ bayna aydîhim wa mâ khalfahum.

Il connaît le passé et l'avenir des hommes.

وَلَا يُحِيطُونَ بِشَيْءٍ مِنْ عِلْمِهِ إِلَّا بِمَا شَاءَ.

wa lâ yuḥîṭûna bi-shay'in min 'ilmihî illâ bi-mâ shâ'.

Et, de Sa science, ils n'appréhendent que ce qu'Il veut bien leur enseigner.

وَسِعَ كُرْسِيُّهُ السَّمَاوَاتِ وَالْأَرْضَ وَلَا يَئُودُهُ حِفْظُهُمَا.

wasi'a kursiyyuhu s-samâwâti wa l-arḍ. wa lâ ya'ûduhû ḥifẓuhumâ.

Son Trône (*Kursiy*), déborde les Cieux et la Terre qu'Il tient de Sa puissance sans difficulté.

وَهُوَ الْعَلِيُّ الْعَظِيمُ. ﴾

wa huwa l-'aliyyu l-'aẓîm.

Il est le Très-Haut, le Tout-Puissant.﴾

Notes :

8. Au sens d'invalidité de la prière.

9. Il veut dire la *Fâtiḥa*, ainsi, elle est en même temps prière *ṣalât*, demande et invocation, supplication.

10. Au sens des êtres humains.

***

5
Quelques règles concernant la prière

Nous mentionnons ici quelques règles concernant la prière.

1. Ce qui est permis durant la prière

Les éléments suivants sont **permis lors de la prière** :

1. **Tourner très légèrement sa tête en cas de besoin** à gauche ou à droite, en évitant de la tourner complètement vers l'arrière.
2. **Porter un bébé** dans ses bras en cas de nécessité.
3. **Dire** *subḥân Allâh* (aussi bien pour les hommes que pour les femmes) ou tapoter des mains (pour les femmes) afin d'avertir l'imam d'une erreur commise.
4. **Rappeler** à l'imam un verset coranique ou le lui corriger s'il se trompe en cours de récitation durant la prière.

5. La prière est encore valide, formellement, **si le cœur n'est pas présent** et est occupé par quelque affaire, même si la prière est d'abord orientation et tension du corps, du cœur et des sens vers Dieu, et séparation temporaire avec la matérialité du monde. Mais le mérite d'une prière, durant laquelle le cœur est absent et occupé par autre chose que Dieu, est nettement amoindri. 'Ammâr Ibn Yâsir rapporte qu'il a entendu le Prophète (ﷺ) dire :

« Il peut arriver que l'homme finisse sa prière et qu'il n'en reçoive de rétribution que le dixième, le neuvième, le huitième, le septième, le sixième, le cinquième, le quart, le tiers ou la moitié ! » [Abû Dâwûd (675)]

2. Les éléments blâmables à éviter

Les éléments blâmables n'invalident pas la prière, mais annulent tout ou partie des mérites de la prière auprès de Dieu à celui qui les commet en connaissance de cause. Nous en citons les principaux dans ce qui suit :

1. **Jouer de ses mains**, de sa barbe, de ses vêtements. Quant à se gratter, ou arranger ses vêtements, cela ne porte aucun préjudice à la prière.
2. Prier en **regardant vers le ciel**. Le priant regardera toujours en bas, à l'endroit de sa prosternation.
3. Regarder ce qui peut **détourner l'attention** du priant, photos, dessins, couleurs vives se trouvant par exemple sur le tapis de prière. Le Prophète avait demandé à 'Aïsha d'enlever un morceau de tissu aux couleurs vives servant de tapis de prière.

Le Prophète (ﷺ) insiste pour que le priant prenne toutes ses dispositions pour assurer la meilleure concentration dans la prière. Parmi ces dispositions figure aussi le fait d'éteindre les sources sonores qui peuvent capter l'attention du priant.

4. Prier **en présence d'un repas installé**. Il est recommandé plutôt de se restaurer d'abord puis de prier. Mais il faut bien comprendre qu'il ne s'agit pas de manger durant un long moment jusqu'à ce que le temps de la prière soit dépassé. L'objectif est d'éloigner la faim et de ne pas occuper son attention par le repas.

5. Prier alors que l'on est pressé **d'effectuer ses besoins**, il faut commencer par ce besoin puis accomplir la prière.

6. Le Prophète a aussi déconseillé trois choses : le fait de **ne pas se prosterner correctement** et de se suffire de toucher superficiellement la terre « *comme un corbeau qui picore* », le fait de **poser à plat ses avant-bras** lors de la prosternation « *comme le repos des félins* », et le fait de ne faire ses prières **que dans un endroit spécifique**[11] (dans la mosquée).

3. Placer une protection (*sutra*) devant soi

Il est interdit pour un musulman de passer devant un priant, si ce dernier n'a placé devant lui aucune protection *sutra* (سترة) devant lui. Cette interdiction va, pour certains savants, jusqu'aux péchés capitaux à celui qui, en connaissance de cause, transgresse cet interdit et passe devant le priant.

Pour cette raison, il est **fortement recommandé** (*sunna*) et même obligatoire selon certains savants, que le priant place devant lui une protection (une veste, un cartable, tout objet visible) ou prie devant un mur ou une colonne, afin que ne passent pas trop près devant lui des humains ou des animaux.

Le priant peut, de sa main, essayer d'empêcher toute personne qui passe entre lui et sa protection.

Il est à remarquer qu'en cas de prière en commun, la protection de l'imam est aussi celle de tous les priants derrière lui, et qu'ils n'ont donc aucunement l'obligation d'en placer une.

4. La prière du malade

Nous avons vu plus haut que le malade ou la vielle personne, ou toute personne ne pouvant accomplir la prière debout, l'accomplira dans la position qui lui est possible : assis, ou sur son lit ou à l'extrême avec les yeux. Le priant, dans ce cas, accomplit les mouvements avec la tête, sinon avec les yeux, sinon dans son cœur.

Pour marquer les positions inclinée (*rukû'*) et prosternée (*sujûd*), il fera de sa tête des mouvements, celui de la prosternation un peu plus bas que celui de l'inclinaison. S'il ne peut pas accomplir ces mouvements, alors il les fera avec ses yeux. Tels sont les enseignements coraniques et prophétiques.

- - -

Notes :

11. Cette dernière exhortation (ne pas faire ses prières toujours au même endroit) ne concerne pas l'imam.

***

2ème LIVRE

POUR ALLER PLUS LOIN

Dans cette partie, nous voulons aller un peu plus loin sur certains détails. Nous verrons ainsi :

- certains détails concernant les souillures et comment s'en purifier ;
- certaines spécificités féminines concernant les ablutions ;
- certaines invocations durant la prière, ainsi que certaines que le croyant dira après avoir accompli sa prière ;
- des prières spécifiques importantes, comme la prière en commun et dans la mosquée, la prière du vendredi, celle de l'aïd, la prière pour les morts ainsi que les prières surérogatoires.

6
Compléments sur la purification

1. Les souillures (*najâsât*)

An-najâsa est la souillure que doit éviter le musulman dans sa vie (manger, boire, porter…) et qu'il doit s'efforcer d'enlever si elle le touche. C'est un élément important dans la vie du croyant. Tellement important que le Prophète dit :

« *La pureté est la moitié de la foi.* » [Muslim (328)]

Les principales souillures sont citées dans le verset suivant :

﴿ **Dis : "Je ne trouve dans ce qui m'a été révélé d'autre interdit touchant les aliments susceptibles d'être consommés que celui qui frappe la bête (trouvée) morte, le sang qu'on a fait couler, ou la chair de porc – car c'est une souillure – ou ce qui, par perversité, a été sacrifié à autre que Dieu." Cependant, pour celui qui est contraint d'en consommer, sans toutefois abuser ou transgresser, ton Seigneur est certes Pardonneur et Miséricordieux."** ﴾ Coran (Les Bestiaux 6/145)

1.1. Les types de souillures

Nous ne nous intéressons ici qu'à certains types de souillures dans leurs grandes lignes. Les détails se trouvent dans notre troisième livre sur la prière (*Fiqh aṣ-ṣalât*). Les souillures considérées sont les suivantes :

- Le sang humain ou animal.
- Certains rejets de l'être humain : urine, excréments…

Le sang

Tout sang est considéré impur, qu'il coule, comme lors du saignement d'une bête égorgée, ou provenant d'une blessure de soi, d'une autre personne ou d'une bête (le sang répandu cité dans le verset coranique précédent). Il n'invalide pas les ablutions. **Il doit donc être nettoyé ou enlevé** pour accomplir la prière. Néanmoins, peu de sang peut être toléré, s'il tache le corps ou l'habit. Tel est l'avis d'un grand nombre de savants. De même est pardonné (*'afwun* عفو) le sang des boutons sur la peau ainsi que le sang des insectes qui aurait taché le corps ou les vêtements du croyant.

Par contre, le sang provenant des **règles de la femme** ou de ses couches invalide les ablutions.

Les rejets de l'être humain et ses excrétions

a. Les vomissures de l'être humain

Si le corps ou les vêtements sont touchés par des vomissures, **il n'y a pas obligation** à les laver pour accomplir sa prière. L'imam Mâlik précise que les vomissures n'entraînent pas l'obligation de refaire les petites ablutions, il suffit de se laver la bouche.

b. L’urine et les excréments de l’être humain

Ces deux rejets sont considérés impurs à l’unanimité. Il faut donc nettoyer les parties du corps, les vêtements ou les tapis touchés par ces souillures. Ils invalident les petites ablutions.

Cependant, les urines des bébés allaités exclusivement, sans autre nourriture, peuvent être nettoyées par simple aspersion d’eau pure sur l’endroit (corps, vêtements, tapis) touché par ces urines, que le bébé soit un garçon ou une fille, sans différence. On peut, bien sûr, les laver complètement. Nous parlons ici des facilitations permises par la loi.

c. Excrétions après l’urine (*wadyu* وَدْي)

C’est un liquide blanc visqueux qui sort parfois (ou souvent, c’est selon les cas) après avoir uriné. Il est impur et doit donc être nettoyé par de l’eau. Il invalide les petites ablutions.

d. Le liquide pré-éjaculatoire (*madhyu* مَذْي)

C’est un liquide blanc et visqueux qui sort lors des préliminaires amoureux ou de suggestions érotiques (visions, pensées). Il est différent du sperme en ce sens qu’il sort de manière non ressentie alors que l’émission de sperme se fait avec force et en saccade. Le *madhyu* existe chez les hommes et les femmes.

Il est impur de l’avis unanime des savants. Il faut donc nettoyer les parties génitales et les vêtements touchés, du moins les asperger. Il invalide les ablutions mineures (*wuḍû’*) mais ne nécessite pas d’ablutions majeures.

e. Le sperme (*maniy* مَنِي)

L’émission de sperme peut se faire lors de relations sexuelles, de rêve érotique ou d’excitations sexuelles intenses.Certains savants (Mâlik, Abû Ḥanîfa et d'autres) le considèrent impur, mais d'autres (Aḥmad, Shâfi'î) le considèrent pur, au sens où il n'y a pas d'obligation impérieuse à laver les vêtements touchés par le sperme. Cependant, ils préconisent de les laver tant que le vêtement est encore humide, et que l'on peut se suffire de le frotter si le vêtement est sec. Nous parlons ici de l'obligation rituelle. On peut laver le vêtement touché par le sperme si on le désire, ce n'est que plus de propreté.

On sait que l'émission de sperme invalide la pureté rituelle de la personne elle-même, et qu'elle demande les grandes et petites ablutions (*ghusl* et *wuḍû'*) pour accomplir la prière.

1.2. Enlever les souillures

On purifie les éléments touchés par des souillures en nettoyant avec de l'eau en règle générale avec possibilité d'utiliser un détergent.

Purifier le corps et les vêtements

Comme mentionné plus haut, les souillures visibles (sang…) qui auraient touché le corps humain ou des vêtements devraient être enlevés par lavage avec de l'eau ou autre, sauf les cas d'aspersion prévus plus haut (en tant que facilitation). Si, malgré le lavage, il reste encore des marques difficiles ou impossibles à enlever, aucune gêne ne sera ressentie de leur présence.

Purifier le sol, les sandales

Si les souillures sont solides, il faut les enlever par tout moyen et nettoyer l'endroit avec de l'eau à laquelle on peut adjoindre des produits purs (c'est-à-dire eux-mêmes sans souillures) si on le désire.

Si les souillures sont liquides, la terre et le sol seront nettoyés par le fait de verser de l'eau sur les endroits pollués par l'urine ou le sang par exemple.

Le sol et la terre sont aussi purifiés par le fait de l'assèchement de la souillure, s'il n'en reste plus de traces visibles.

Les exceptions

Les personnes au contact permanent avec le sang, comme les bouchers ou personnes travaillant dans les abattoirs, s'efforceront d'enlever le sang avant leur prière comme ils le peuvent. S'il en reste, cela ne devrait poser aucune gêne.

De même, les personnes au contact des saletés (travailleurs dans les fermes au contact des animaux, éboueurs, travailleurs dans une usine d'incinération…) feront ce qu'ils pourront pour enlever les saletés pour accomplir leurs prières. S'il en reste, là aussi, cela ne devrait pas poser de gêne.

2. Spécificités féminines quant aux ablutions

Nous voulons, dans les paragraphes qui suivent, parler des spécifications féminines, concernant la pureté après tout saignement dû aux règles (*ḥayḍ* الحَيْض) ou à l'enfantement (appelé lochies ou couches, *nifâs* النِّفاس), sans trop nous étendre. Les détails se trouvent dans notre troisième livre sur la prière.

2.1. Ce qui est interdit à la femme en règles

La femme en règles ou en lochies observe ce qui suit :

- **La prière obligatoire ou surérogatoire (*nâfila*) est interdite.** Si elle accomplit des prières, celles-ci sont invalidées et ne comptent pas. Il faut faire remarquer, qu'après l'arrêt du saignement et la purification (*ghusl*), la femme n'a pas à rattraper les prières perdues de ces jours.

- De même, elle ne peut accomplir **le *ṭawâf*** autour de la Ka'ba à La Mecque, celui-ci exigeant les ablutions grandes et petites comme la prière.
- **Le jeûne obligatoire ou surérogatoire est interdit**. Si elle jeûne, celui-ci est invalidé et ne compte pas. Elle doit cependant rattraper les jours non jeûnés, une fois purifiée.
- **Le rapport sexuel** avec son conjoint est interdit.

2.2. Ce qui est permis à la femme en règles

Les éléments suivants sont permis à la femme en règles ou en lochies :

- **Caresses et autres marques affectueuses** et érotiques entre mari et épouse sont permises, hormis la rencontre des deux sexes sans voile entre eux. 'Âïsha (رضي الله عنها), l'épouse du Prophète (ﷺ) rapporte qu'elle lavait et coiffait les cheveux du Prophète alors qu'elle était en état de règles, de même qu'elle buvait dans une coupe et qu'elle la donnait au Prophète pour en boire au même endroit, qu'elle mangeait un morceau de viande et qu'elle en donnait au Prophète pour en manger au même endroit, que le Prophète lisait le Coran alors qu'il se reposait sur son giron.
- Concernant **la lecture du Coran** de mémoire ou de lecture, la majorité des savants préconisent que la femme attende la fin de ses saignements pour le faire. Une partie d'entre eux précise qu'elle peut toutefois le lire de mémoire (ou même de lecture) **si elle a peur d'en oublier** ou de besoin pour

ses études ou enseignements. Cependant, certains savants (Albânî[12], Ibn 'Uthaymîn[13], Ibn Bâz) disent qu'il lui est permis de le lire sans gêne aucune. Pour eux, ces deux phénomènes (règles et couches) sont hors de contrôle de la femme.

2.3. Le cas de saignement hors règles (istiḥâḍa)

Les cas de saignement féminin en dehors des périodes de règles, d'une ménorragie (écoulement menstruel excessif) ou d'une métrorragie (saignement anormal d'origine utérine en dehors des règles) sont appelées *istiḥâḍa* (إِسْتِحَاضَة). Les dispositions suivantes sont à observer.

1. Si la femme connaît exactement les dates de ses règles

Si ces saignements coïncident avec la période de ses règles, elle les considère comme des règles. Si les saignements dépassent le nombre de jours habituels de ses règles, tous les jours en plus sont considérés comme maladie *istiḥâḍa*. Elle n'accomplit pas la prière ni le jeûne durant le nombre de jours considérés comme jours de ses règles habituelles.

À la fin de cette période, elle effectue ses grandes ablutions pour accomplir ses prières (et son jeûne). Elle effectuera alors les petites ablutions (*wuḍû'*) pour chaque prière, tant que durera le saignement. Elle fera ses prières même si le sang continue à couler durant ses prières.

2. Si elle n'a pas de règles régulières

C'est le cas de la femme qui **n'a pas de règles régulières** (elle n'a pu déterminer ni leur période ni leur durée) **et qu'elle ne peut différencier** entre le sang des règles (consistance plus grande, mauvaise odeur et/ou couleur noire) et le saignement normal. Si les saignements durent **plus d'une semaine**, elle considère ses règles durant six ou sept jours durant lesquels elle délaisse la prière ainsi que le jeûne. Au bout de ces sept jours, **elle effectue ses grandes ablutions** et commence à prier. Dans ce cas aussi, elle effectuera les petites ablutions pour chaque prière, tant que durera le saignement. Elle fera ses prières même si le sang continue à couler durant ses prières.

Les dispositions suivantes dans ce cas sont aussi à connaître :

- Les petites ablutions doivent être effectuées juste avant de faire sa prière, qu'elles ne soient pas trop avancées dans le temps ;
- Elle peut avoir des **rapports sexuels** avec son mari, après la période estimée des règles, et ceci même en présence de sang ;
- Elle a les mêmes droits, obligations, permissions et recommandations que les autres femmes : prières et jeûne obligatoires et surérogatoires, lecture du Coran, pénétrer dans la mosquée et y faire sa retraite spirituelle (*i'tikâf*)...

Notes :

12. Albânî Naṣr ad-Dîn, *Tamâm al-minna*, p. 116.

13. Ibn 'Uthaymîn, *Fatâwâ nûr 'alâ darb*.

***

7
INVOCATIONS DURANT ET APRÈS LA PRIÈRE

Nous mentionnons dans les paragraphes qui suivent certaines des formules de *dhikr* (évocation de Dieu) et invocations prophétiques. Elles ont toutes valeur de recommandation (*sunna*) au sens où le Prophète (ﷺ) en a recommandé la pratique, mais celui qui les délaisse n'encourt aucune sanction. Par contre, celui qui les pratique obtient un surcroît de mérite auprès de Dieu et une plus grande proximité de notre bien-aimé Prophète.

1. L'ANNONCE DE LA PRIÈRE (*IQÂMA*)

L'annonce de prière (*iqâma*) est une recommandation prophétique de forte intensité (*sunna mu'akkada*) pour la collectivité, ainsi que pour l'individu faisant la prière individuellement. Il est donc recommandé à celui qui veut accomplir la prière de prononcer cette annonce à voix entendue pour chaque prière obligatoire. Elle n'est pas à prononcer lors de prières surérogatoires. L'annonce se fait ainsi :

Allâhu Akbar, Allâhu Akbar	اللهُ أَكْبَرُ اللهُ أَكْبَرُ
Dieu est plus Grand (2 fois)	
Ash-hadu al-lâ ilâha illa Llâh	أَشْهَدُ أَن لَّا إِلَـٰهَ إِلَّا اللهُ
J'atteste qu'il n'y a de dieu que Dieu.	
Ash-hadu anna muḥammadan rasûlu Llâh	أَشْهَدُ أَنَّ مُحَمَّدًا رَسُولُ اللهِ
J'atteste que Muḥammad est Son Prophète.	
Ḥayya 'ala ṣ-ṣalâ. (2 fois)	حَيَّ عَلَى الصَّلَاةِ (2)
Venez à la prière ! (2 fois)	
Ḥayya 'ala l-falâḥ (2 fois)	حَيَّ عَلَى الْفَلَاحِ (2)
Venez au salut ! (2 fois)	
Qad qâmati ṣ-ṣalâh. (2 fois)	قَدْ قَامَتْ الصَّلَاةُ (2)
La prière est sur le point d'être accomplie. (2 fois)	
Allâhu Akbar, Allâhu Akbar.	اللهُ أَكْبَرُ اللهُ أَكْبَرُ
Dieu est plus Grand (2 fois).	
Lâ ilâha illa Llâh	لَا إِلَـٰهَ إِلَّا اللهُ.
Il n'y a de dieu que Dieu.	

Les parties marquées en deux fois (2) peuvent être dites une seule fois.

2. Les recommandations après le *takbîr*

Après le premier *takbîr* de l'entrée dans la prière, il est recommandé, avant de commencer la lecture de la *Fâtiḥa* :

- de prononcer les invocations suivantes ;
- de prononcer la formule de protection contre le diable.

Il est recommandé de dire l'une des deux formules suivantes (ou les deux pour qui le désire) :

اللَّهُمَّ بَاعِدْ بَيْنِي وَبَيْنَ خَطَايَايَ كَمَا بَاعَدْتَ بَيْنَ الْمَشْرِقِ وَالْمَغْرِبِ. اللَّهُمَّ نَقِّنِي مِنْ خَطَايَايَ كَمَا يُنَقَّى الثَّوْبُ الأَبْيَضُ مِنَ الدَّنَسِ. اللَّهُمَّ اغْسِلْنِي مِنْ خَطَايَايَ بِالثَّلْجِ وَالْمَاءِ وَالْبَرَدِ.

« Dieu, éloigne entre moi et mes fautes comme Tu as éloigné l'Orient de l'Occident ! Seigneur, purifie-moi de mes fautes comme est purifié l'habit blanc de ses souillures ! Seigneur, lave-moi de mes fautes avec la neige, l'eau et la grêle ! » [Bukhârî (702), Muslim (940)]

Allâhumma bâ'id baynî wa bayna khaṭâyâya kamâ bâ'adta bayna l-mashriqi wal maghrib. Allâhumma naqqinî min khaṭâyâya kamâ yunaqqâ ath-thawbu l-abyaḍu mina d-danas. Allâhumma ghsilnî min khaṭâyâya bi th-thalji wal mâ'i wal barad.

وَجَّهْتُ وَجْهِي لِلَّذِي فَطَرَ السَّمَاوَاتِ وَالْأَرْضَ حَنِيفًا وَمَا أَنَا مِنْ الْمُشْرِكِينَ. إِنَّ صَلَاتِي وَنُسُكِي وَمَحْيَايَ وَمَمَاتِي لِلهِ رَبِّ الْعَالَمِينَ لَا شَرِيكَ لَهُ وَبِذَلِكَ أُمِرْتُ وَأَنَا مِنَ الْمُسْلِمِينَ.

« Je tourne mon visage vers Celui qui a créé les Cieux et la Terre, musulman, et je suis point parmi les associateurs[14]. Ma prière[15], mes actes de dévotion, ma vie et ma mort appartiennent à Dieu, Seigneur de l'Univers, à Lui nul associé ! Voilà ce qu'il m'a été ordonné, et je suis du nombre des soumis[16]. » [Muslim (1290), Abû Dâwûd (649)]

Wajjahtu wajhî li-lladhi faṭara s-samawâti wal arḍa ḥanîfan wa mâ anâ minal mushrikîn.

Inna ṣalâtî wa nusukî wa maḥyâya wa mamâtî li-Llâhi rabbî l-'âlamîna lâ sharîka lah. Wa bi dhâlika umirtu wa anâ minal-muslimîn.

2. Protection contre le diable (*isti'âdha* إستعاذة)

Deux formes de la formule existent, une courte et une plus longue. Il s'agit de **la prononcer en soi-même** et non point la faire entendre aux autres, une seule fois, au début de la première lecture, et ne plus la refaire par la suite. [Abû Dâwûd (658)]

أَعُوذُ بِاللهِ مِنَ الشَّيْطَانِ الرَّجِيمِ.

« Je me réfugie auprès de Dieu contre le diable lapidé. »

a'ûdhu bi-Llâhi mina sh-shayṭâni r-rajîm

ou

أَعُوذُ بِاللهِ السَّمِيعِ العَلِيمِ مِنَ الشَّيْطَانِ الرَّجِيمِ مِنْ هَمْزِهِ وَنَفْخِهِ وَنَفْثِهِ.

« Je me réfugie auprès de Dieu, l'Audient, l'Omniscient contre le diable lapidé, contre son obsession, l'orgueil qu'il insuffle aux gens, ainsi que contre sa sorcellerie. »

a'ûdhu bi-Llâhi s-samî'i l-'alîmi mina sh-shayṭâni r-rajîm, min hamazihi wa nafkhihi wa nafthihi.

3. Lors de l'inclinaison *rukû'*

Comme précisé plus haut, lors de l'inclinaison, on dira, au choix, la première ou la seconde formule :

سُبْحَانَ رَبِّيَ العَظِيمِ

« Gloire à mon Seigneur, le très Grand. » [Ibn Mâja (877), Abû Dâwûd (736)]

subḥâna rabbiya l-'aẓîm

ou

سُبْحَانَ رَبِّيَ العَظِيمِ وَبِحَمْدِهِ.

« Gloire à mon Seigneur, le très Grand, et louange à Lui. » [Abû Dâwûd (736)]

subḥâna rabbiya l-'aẓîm wa bi ḥamdihi

On peut ajouter aussi : [Muslim (752)]

سُبُّوحٌ قُدُّوسٌ رَبُّ الْمَلَائِكَةِ وَالرُّوحِ.

« Celui qui est dénué de toute imperfection, Celui qui est Sacré, Dieu des anges et des âmes. »

Subbuḥun quddûsun rabbu l-malâ'ikati wa r-rûḥ

4. Lors du retour à la position debout

En se relevant, le croyant dit : [Muslim (612), Tirmidhî (247), Abû Dâwûd (627)]

سَمِعَ اللهُ لِمَنْ حَمِدَهُ، رَبَّنَا وَلَكَ الحَمْدُ.

« Dieu exauce[17] celui qui Le loue. Seigneur [notre Dieu], à Toi la louange. » [Muslim (612)]

sami'a Llâhu liman ḥamidah, rabbânâ wa laka l-ḥamd.

On peut ajouter à la suite : [Bukhârî (757), Mâlik (442)]

رَبَّنَا وَلَكَ الْحَمْدُ حَمْدًا كَثِيرًا طَيِّبًا مُبَارَكًا فِيهِ.

« Seigneur, à Toi la louange, une louange nombreuse, pure et bénie. » [Bukhârî (757), Mâlik (442)

Rabbanâ wa laka l-ḥamdu ḥamdan kathîran ṭayyiban mubârakan fîh.

5. Lors de la prosternation

سُبْحَانَ رَبِّيَ الأَعْلَى.

« Gloire à mon Seigneur le Très-Haut. »

subḥâna rabbiya l-a'lâ.

On peut dire aussi : [Abû Dâwûd (736)]

سُبْحَانَ رَبِّيَ الأَعْلَى وَبِحَمْدِهِ.

« Gloire à mon Seigneur le Très-Haut et à Lui la louange. »

subḥâna rabbiya l-a'lâ wa bi ḥamdih.

On peut aussi ajouter l'invocation suivante (citée plus haut) :

سُبُّوحٌ قُدُّوسٌ رَبُّ الْمَلَائِكَةِ وَالرُّوحِ.

« Celui qui est dénué de toute imperfection, Celui qui est Sacré, Dieu des anges et des âmes. »

Subbuḥun quddûsun rabbu l-malâ'ikati wa r-rûḥ

Le Prophète a interdit de lire des passages coraniques lors de l'inclinaison (*rukû'*) et de la prosternation (*sujûd*).

6. *Dhikr* et invocations après la salutation finale

Plusieurs formules de *dhikr* et d'invocations sont rapportées. Nous en citons quelques-unes.

1. Dieu, Tu es la Paix : [Muslim (931), Tirmidhî (276)]

اللَّهُمَّ أَنْتَ السَّلَامُ وَمِنْكَ السَّلَامُ. تَبَارَكْتَ ذَا الْجَلَالِ وَالْإِكْرَامِ.

« Seigneur, Tu es la Paix, de Toi provient la Paix, Bénis sois-Tu, Toi à qui appartient la Majesté et la Générosité. » (3 fois)

Allâhumma anta s-salâm, wa minka s-salâm

Tabârakta dhal jalâli wal ikrâm

2. Demander le pardon : [Muslim (931), Tirmidhî (276)]

أَسْتَغْفِرُ اللهَ ، أَسْتَغْفِرُ اللهَ ، أَسْتَغْفِرُ اللهَ.

« Je demande pardon à Dieu. » (3 fois).

Astaghfiru Llâh. Astaghfiru Llâh. Astaghfiru Llâh

3. Aide-moi, mon Dieu ! [Abû Dâwûd (1301), Aḥmad (21109)]

اللَّهُمَّ أَعِنِّي عَلَى ذِكْرِكَ وَشُكْرِكَ وَحُسْنِ عِبَادَتِكَ.

« Seigneur, aide-moi à T'évoquer, Te remercier et T'adorer de la meilleure façon. »

Allâhumma a'innî 'alâ dhikrika wa shukrika wa ḥusni 'ibâdatika

4. Lectures coraniques :

a. Les trois derniers chapitres

Lire les 3 derniers chapitres du Coran :

La Pureté (*al-ikhlâṣ*),

L'Aube naissante (*al-falaq*)

et Les Hommes (*an-nâs*). [Aḥmad (17124), Tirmidhî (2828)]

سورة الإخلاص (قل هو الله أحد) والفلق (قل أعوذ برب الفلق) والناس (قل أعوذ برب الناس)

b. Le verset du Trône : Il est aussi recommandé de **lire le verset coranique du Trône**, transcrit plus haut (*âyat al-kursiy*, Coran La Vache 2/255). [Nasâ'î, Ibn Ḥibbân]

5. *Tasbîḥ* :

Le Prophète a enseigné à son fidèle compagnon Mu'âdh Ibn Jabal de dire les formules suivantes (33 fois) après chaque prière : [Bukhârî (798), Muslim (939)]

سُبْحَانَ اللهِ – الحَمْدُ لله – اللهُ أَكْبَرُ . (33 مرة)

« Gloire à Dieu, Louange à Dieu, Dieu est plus Grand. »

subḥâna Allâh - al-ḥamdu li-Llâh - Allâhu akbar.

et terminer (1 fois) par la formule :

لَا إِلَهَ إِلَّا اللهُ وَحْدَهُ لَا شَرِيكَ لَهُ لَهُ الْمُلْكُ وَلَهُ الْحَمْدُ وَهُوَ عَلَى كُلِّ شَيْءٍ قَدِيرٌ.

« Il n'est de divinité que Dieu Unique, sans associé, À Lui le Royaume et les louanges, et Il a pouvoir sur toute chose. »

lâ ilâha illa Llâh, waḥdahu lâ sharîka lah. lahu l-mulku wa lahu l-ḥamd. wa huwa ʿalâ kulli shay'in qadîr

- - -

Notes :

14. En partie, un verset du Coran (6/79) avec le mot de "musulman" en plus dans le hadith.

15. C'est en partie un verset du Coran (6/162) avec une légère différence.

16. Des soumis : les musulmans.

17. Littéralement : Dieu entend. Le sens (exauce) est ainsi compris par les savants.

18. Bénédiction dans le sens de *baraka*, abondance, profusion comme expliqué plus haut. [Abû Dâwûd (846)].

***

8
Prières spécifiques

1. La prière en commun

La prière en commun à la mosquée est une **recommandation individuelle très forte** (*sunna mu'akkada*) pour la majeure partie des savants. En effet, plus de vingt hadiths appellent à l'accomplissement de la prière en commun dans les mosquées. Le Prophète dit :

« *La prière en commun est de vingt-sept*[19] *fois supérieure à la prière accomplie individuellement !* » [Muslim (1038), Mâlik (264), Bukhârî (609)]

Dans un autre hadith, notre Prophète (ﷺ) dit :

« *La prière de l'homme accomplie en groupe dépasse celle qu'il fait en sa maison ou son marché de vingt-cinq degrés. Cela parce que lorsque l'un d'entre eux accomplit sa pureté rituelle (wuḍû') de la meilleure façon, et vient à la mosquée, ne désirant sincèrement que la prière, à chaque pas qu'il fait, Dieu l'élève d'un degré, et efface de lui un péché jusqu'à ce qu'il entre dans la mosquée. Lorsqu'il y pénètre, il est considéré en prière tout le temps qu'il attend que la prière s'accomplisse. Les anges le bénissent tant qu'il est en son emplacement dans la mosquée et disent : "Seigneur pardonne-lui, Seigneur enveloppe-le de Ta miséricorde." tant qu'il ne nuit pas à autrui.* » [Muslim (1059), Bukhârî (457)]

Peupler les mosquées et les faire vivre par la prière est donc un acte fondamental dans la vie du musulman. Cela devrait faire partie intégrante de sa culture, de sa vie quotidienne. En effet, déserter les mosquées est risque de déserter plus tard l'Islam. À Dieu ne plaise !

Les femmes comme les hommes, les jeunes comme les vieux sont donc appelés à devenir ﴾ ceux qui remplissent les demeures de Dieu.﴿ Coran (La Repentance 9/18)

Le prophète Muḥammad (ﷺ) dit :

« *La mosquée est la demeure de toute personne pieuse*[20]. *Et Dieu S'est engagé*[21] *à celui qui a pris la mosquée pour demeure de lui donner bonheur (rawḥ), miséricorde et de traverser*[22] *le pont (ṣirâṭ صِراط) [pour rejoindre] l'agrément de Dieu : le Paradis.* » [Ṭabarânî, Bazzâr]

Il y a en plus un mérite très spécifique lors de l'accomplissement de la prière du soir (*'ishâ'*) et celle de l'aube (*ṣubḥ*) en groupe à la mosquée.

En effet, le Prophète (ﷺ) dit :

« *Celui qui accomplit la prière du soir ('ishâ') en groupe aura le mérite de celui qui aurait passé la moitié de la nuit en prière ; et celui qui accomplit la prière de l'aube (ṣubḥ) en groupe aura le mérite de celui qui aurait passé la nuit en prière.* » [Aḥmad (386)]

2. La prière du vendredi

Le vendredi est la meilleure journée de la semaine, selon la parole prophétique suivante :

« *La meilleure journée qui voit poindre le soleil est le vendredi : en ce jour a été créé Adam, en ce jour il a été introduit au Paradis, en ce jour, il en a été sorti, et la Dernière Heure se lèvera en ce jour. En ce jour se trouve une heure*[23]*, si le musulman priant*[24] *parvient à la croiser et fait des invocations à Dieu en cette heure, Il l'exaucera.* » [Muslim (1411), Mâlik (222)]

Le Prophète dit aussi concernant ce jour béni :

« *Celui qui fait ses ablutions, et les effectue de la meilleure façon, ensuite sort pour accomplir la prière du vendredi, puis écoute de manière attentive [le prêche de l'imam], il lui sera pardonné les fautes commises entre le vendredi passé et celui-là, et encore trois jours en plus.* » [Muslim (1418), Tirmidhî (458)]

Les recommandations prophétiques (*sunna*)

Le prophète Muḥammad (ﷺ) recommande les éléments suivants à l'occasion du vendredi : [Bukhârî (831 et 834), Muslim (1401), Aḥmad (22596)]

- d'effectuer les grandes ablutions (*ghusl*) pour la prière
- de se parfumer et de mettre de beaux habits ;
- de **multiplier les prières** pour le Prophète (ﷺ) durant la nuit du vendredi et sa journée ;
- de lire la sourate La Caverne (*al-kahf*)[25] durant la nuit du vendredi[26] ou sa journée.

  En effet, le Prophète dit :

« Celui qui lit le chapitre La Caverne (al-kahf) le vendredi, Dieu lui donne une lumière jusqu'au vendredi suivant. » [Nasâ'î, Bayhaqî et al-Ḥâkim]

- de **venir tôt à la mosquée** la journée du vendredi afin d'y accomplir la prière et ne pas se contenter d'arriver à l'heure du prêche, ou pire encore d'arriver juste à l'heure de la prière, si aucune raison impérieuse ne l'y contraint.

  La parole prophétique est très explicite sur ce sujet :

  « Celui qui se purifie (ghusl) le vendredi puis va à la mosquée à la première heure[27] est pareil[28] au fait de donner une chamelle comme aumône, celui qui y va la deuxième heure est pareil au fait de donner une vache comme aumône, celui qui y va à la troisième heure est pareil au fait de donner un bélier comme aumône, celui qui y va à la quatrième heure est pareil au fait de donner un poulet comme aumône, celui qui y va à la cinquième heure est pareil au fait de donner un œuf comme aumône. Enfin, lorsque sortira l'imam[29], les anges fermeront le livre et écouteront le sermon. » [Bukhârî (832), Muslim (1403)]

L'obligation

Il y a un très large consensus des savants pour déclarer la prière du vendredi comme une obligation individuelle (*farḍ 'ayn*) pour les hommes, qu'elle comporte deux cycles (*raka'ât*) et qu'elle se fait en groupe, non individuellement.

En effet, l'obligation découle des paroles coraniques et prophétiques. Dieu dit :

﴿ Ô vous qui croyez, lorsque l'appel à la prière du vendredi se fait entendre, hâtez-vous de répondre à cet appel en cessant

toute activité ! Cela vaudrait mieux pour vous, si vous pouviez le comprendre.﴾ Coran (Le Vendredi 62/9)

La prière du vendredi est **obligatoire** :

- pour les hommes pubères et capables de discernement ;
- qu'ils soient résidents (non en voyage) et capables de se déplacer à la mosquée ;
- qu'ils soient au nombre de trois (minimum) avec l'imam.

Par contre, **ne sont pas astreints à l'obligation** de la prière du vendredi :

- **la femme et l'enfant** ;
- **le malade** pour qui elle représente une grande peine, ou qui a peur que son état empire ou stagne s'il va l'accomplir ;
- les personnes qui s'occupent de ces malades et dont l'absence peut avoir des conséquences fâcheuses sur l'état du malade ;
- **le voyageur.**

Toutefois, ces personnes peuvent accomplir la prière du vendredi, c'est l'obligation qui est levée dans leur cas. En effet, il faut noter qu'au temps du Prophète (ﷺ), les femmes assistaient à la prière du vendredi avec lui.

La prière du vendredi se fait à la mosquée et est dirigée par l'imam, au lieu et place de la prière de midi (*ẓuhr*).

L'imam fait d'abord un prêche, divisé en deux parties (il s'assied entre les deux) , puis dirige la prière de deux cycles (*raka'ât*) à voix haute.

Il est interdit de parler, lire le Coran ou de faire des prières surérogatoires (*nâfila*) durant le prêche de l'imam. On doit l'écouter attentivement.

Celui qui rate un cycle de prière et fait le deuxième cycle avec l'imam rattrapera le seul cycle perdu.

Si, par contre, il rate les deux cycles de prière du vendredi, alors il accomplira la prière du *ẓuhr* (4 cycles) en lieu et place de celle du vendredi.

3. La prière de l'aïd

Le Prophète Muḥammad (ﷺ) a institué pour les musulmans deux fêtes annuelles qui remplacent toutes les autres fêtes célébrées auparavant.

La première fête (*'îd* noté aïd) est célébrée le jour suivant la rupture du jeûne, appelée *'îd-al-fiṭr*, ou *'îd aṣ-ṣaghîr*, c'est-à-dire la petite fête. Elle correspond au premier jour du mois lunaire de *shawwâl* qui suit le mois de ramadan.

La deuxième est célébrée le dixième jour du mois de *dhul-ḥijja*, le jour où les pèlerins, après être restés en prière et en état de sacralisation (*iḥrâm*) toute la journée précédente à 'Arafat, se rendent à Minâ pour sacrifier un bélier et procéder aux rites suivants du pèlerinage. C'est la journée du sacrifice *'îd al-aḍḥâ*, appelée aussi la grande fête, *'îd al-kabîr*.

Les croyants, partout dans le monde, procèdent eux aussi, dans la limite de leurs possibilités, au sacrifice en immolant un bélier en ce jour en souvenir du sacrifice demandé à Abraham (عليه السلام) par Dieu. C'est un jour dédié à notre père, au père des prophètes, Abraham.

Les deux fêtes sont d'abord caractérisées par la **prière spécifique de l'aïd**. Elle vise au rassemblement des croyants, à leur rencontre, à leur pardon mutuel. Pour cela, la recommandation prophétique est de l'accomplir dans les places publiques ou des endroits extérieurs (*muṣallâ*) pouvant recevoir les grandes foules. À défaut, elle s'accomplit dans les grandes mosquées, *al-jâmi'*.

C'est une recommandation prophétique de forte intensité (*sunna mu'akkada*), et qui s'accomplit la matinée, après le lever du soleil.

À la différence de la prière du vendredi, l'imam commence d'abord par diriger la prière, puis fait un prêche divisé en deux parties.

La prière est composée de deux cycles, avec la prononciation sept fois du *takbîr* (*Allâhu Akbar*) au début du premier cycle de la prière et de cinq *takbîr* au début du second cycle.

Il n'y a pas d'appel à la prière (*adhân*) ni d'annonce de prière (*iqâma*) pour la prière de l'aïd.

Lorsque l'imam arrive, il range les fidèles et commence sa prière.

Les recommandations prophétiques (*sunna*) sont les suivantes : [Mâlik (384), Ibn Mâja (1305), Al-Ḥâkim authentifié par Albânî]

- effectuer les grandes ablutions (*ghusl*) avant d'aller à la prière ;
- mettre ses plus beaux habits ;
- visiter les proches et se pardonner mutuellement.

4. La prière funéraire

La prière pour le mort[30] est une obligation collective envers le défunt parmi les musulmans, procédant de l'ordre prophétique et de sa pratique courante. Aucun musulman ne doit être enterré sans qu'une prière des morts ne soit accomplie sur lui. Il suffit qu'un groupe de musulmans l'accomplisse pour que l'obligation s'éteigne pour les autres.

C'est une prière dans laquelle il n'y a ni inclinaison (*rukû'*) ni prosternation (*sujûd*). Le mort (ou les morts s'ils sont plusieurs) est placé devant l'imam.

La prière sur les morts s'effectue ainsi :

1. Procéder à **l'intention** après s'être dirigé vers la *qibla*.
2. Dire le **premier *takbîr*** (*Allâhu Akbar*), en levant les mains jusqu'à hauteur des oreilles ou des épaules.
   - Poser ensuite la main droite sur la main gauche à hauteur de la poitrine.
   - Lire la sourate *Fâtiḥa*.
3. Prononcer le deuxième *takbîr*.
   - Faire la prière pour le prophète Muḥammad (ﷺ), par exemple la prière abrahamique citée plus haut.
4. Prononcer le troisième *takbîr*.
   - Faire des invocations à Dieu pour le défunt, ainsi que pour soi-même et les croyants.
5. Prononcer le quatrième *takbîr*.
   - Marquer un silence ou encore des invocations ou la prière sur le Prophète (ﷺ).

6. Puis terminer la prière par la salutation *taslîm*, en tournant le visage vers le côté droit seulement :

❋ السَّلَامُ عَلَيْكُمْ وَرَحْمَةُ اللهِ وَبَرَكَاتُهُ ❋

As-salâmu 'alaykum wa raḥmatu Llahi wa barakâtuh.

5. La prière lors du voyage

Durant le voyage (ainsi qu'à Arafat, Muzdalifa et Mina lors du pèlerinage avec des détails spécifiques) et sous certaines conditions, le croyant a une double permission :

- **Il peut écourter** (*qaṣr* قصر) les prières à quatre cycles (*raka'ât*) : celles du *ẓuhr*, *'aṣr* et *'ishâ'*, en n'effectuant que deux cycles par prière au lieu des quatre.
- **Il peut regrouper** (*jam'* جمع) les deux prières *ẓuhr* et *'aṣr* en les accomplissant ensemble à tout moment compris entre le début du temps d'accomplissement du *ẓuhr* jusqu'à la fin de celui du *'aṣr* (un peu avant le coucher du soleil), et de même en regroupant celles du *maghrib* et du *'ishâ'* de la même façon entre le début du temps d'accomplissement du *maghrib* (coucher du soleil) jusqu'à la fin de celui du *'ishâ'*.

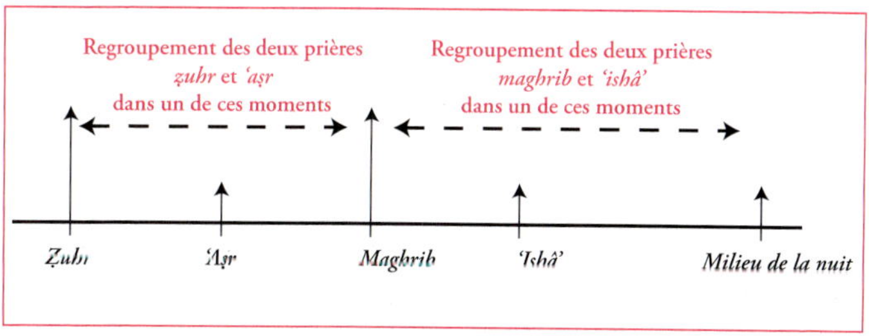

L'opinion la plus couramment admise dans le cas du voyage est que la longueur doit excéder **quatre-vingt quatre kilomètres** (84 km) environ. Tel est l'avis des trois écoles juridiques à l'exception de l'école ḥanafite.

Il est à noter que le moyen de voyage importe peu, à pied, voiture, train, avion, bateau.

D'autre part, celui dont le travail consiste à se déplacer toujours ou très souvent, les deux permissions lui sont accordées autant que dure son voyage.

Le raccourcissement des prières commence **dès le début du voyage**, c'est-à-dire, **dès que la personne quitte son lieu d'habitation**.

Le voyageur écourte et regroupe ses prières **tant que dure** son voyage. S'il lui arrive de **s'arrêter quelques jours** dans une ville ou village, devra-t-il compléter ses prières ou les écourter encore ? L'avis majoritaire des savants est le suivant :

- Si le voyageur pense y rester **moins de quatre jours** (c'est-à-dire moins de vingt prières), il **écourtera** alors ses prières durant tout son séjour, pour autant qu'il ne les accomplisse pas derrière une personne qui les accomplit normalement. Il pourra aussi regrouper les prières correspondantes (*ẓuhr* et *'aṣr*, *maghrib* et *'ishâ'*) chaque jour, comme expliqué plus haut. Si le voyageur accomplit ses prières derrière une personne (imam) qui les effectue complètes, il les complètera lui aussi.
- S'il pense y rester **plus de quatre jours**, alors il complètera ses prières et les accomplira normalement dés l'instant de son arrivée.

6. La salutation de la mosquée

Le Prophète (ﷺ) a enjoint aux croyants d'accomplir une prière de deux cycles (*raka'ât*) à chaque fois qu'ils pénètrent dans une mosquée. C'est le droit de la mosquée envers les croyants, sa salutation. Il a dit en effet :

« *Lorsque l'un d'entre vous pénètre dans la mosquée, qu'il accomplisse une prière de deux raka'ât avant qu'il ne s'asseye.* » [Bukhârî (425), Muslim (1166)]

Cette prière est **une recommandation prophétique** (*mandûb*), non une obligation, selon l'avis de la majorité des savants.

7. Prières du ramadan : *tarâwîḥ*

Ce sont des prières, accomplies spécifiquement les nuits du ramadan, après la prière du soir *'ishâ'*.

Plusieurs hadiths montrent l'appel du Prophète (ﷺ) aux croyants de les accomplir, sans pour autant qu'elles soient considérées comme obligatoires. Ainsi, il dit :

« *Celui qui se lève pour accomplir les prières du ramadan par foi et en attente de la rétribution*[31]*, il lui sera pardonné ses péchés.* » [Muslim (1266), Mâlik (230)]

Elles commencent la première nuit du ramadan, c'est-à-dire, la nuit précédant le premier jour du ramadan. Et s'arrêtent la dernière nuit du ramadan, c'est-à-dire la nuit précédant la dernière journée du ramadan.

Elles s'accomplissent **deux à deux** en général, mais aussi par **groupe de quatre** cycles ou plus (dans l'école ḥanafite).

Les hadiths soulignent qu'elles s'effectuent en général et de préférence **en onze cycles** (*raka'ât*) y compris le *witr*, ou en **treize cycles** (*raka'ât*), y compris le *witr*.

Cependant, d'autres savants mentionnent la possibilité de les accomplir **en vingt cycles** (*raka'ât*), sans le *witr*, comme cela est la pratique à La Mecque et à Médine. La tradition est de lire le Coran en entier le long de ces nuits, mais ce n'est ni une obligation ni une recommandation.

Ces prières peuvent être accomplies en groupe comme elles peuvent l'être individuellement, à la mosquée ou dans sa demeure, même si la **préférence est de les faire collectivement** à la mosquée. On peut aussi les faire dans sa demeure en groupe.

8. Les prières surérogatoires (*nâfila*)

Nous avons souligné plus haut dans la première partie deux prières surérogatoires, celle effectuée avant la prière de l'aube (*ṣubḥ*) et celle du *witr* à effectuer après la prière du *'ishâ'* (voir 1er livre § 8.6).

En plus des cinq prières obligatoires quotidiennes, ainsi que celle du vendredi (pour les hommes), des prières surérogatoires sont recommandées (*nawâfil*, pluriel de *nâfila*).

Le Prophète (ﷺ) ne se contentait pas des seules obligations. Il ajoutait, en sus des cinq prières obligatoires, d'autres prières :

- le matin après le lever du soleil (*ḍuḥâ*) ;
- avant et/ou après les prières du *ẓuhr*, du *'aṣr* et du *'ishâ'* ;
- souvent, il se réveillait pour prier dans l'intimité de la nuit.

En plus du jeûne obligatoire du ramadan, il jeûnait chaque mois parfois un jour, parfois trois jours, parfois deux jours par semaine. En plus de la *zakât* obligatoire, il donnait de son argent. En plus du pèlerinage, il effectuait la *'umra* (petit pèlerinage).

Ces *nawâfil*, dans toute leur diversité, s'exécutent comme les actes obligatoires afférents avec des différences parfois. Elles peuvent être recommandées (certaines prières, certains jours de jeûne) ou simplement permises (*mashrû'* مشروعة).

8.1. Importance des nawâfil

L'Islam a certes imposé le minimum d'actes d'adoration, les obligations (piliers), mais a aussi encouragé les croyants à faire encore un effort supplémentaire en accomplissant des *nawâfil* recommandées par le Prophète (ﷺ). Il n'est pire insouciance que de considérer les *nawâfil* comme dérisoires, d'importance minime ou sans.

Les actes surérogatoires (*nawâfil*), aussi bien des prières, que celles concernant les aumônes, le jeûne et le pèlerinage (grand ou petit) ont plusieurs objectifs :

- Les *nawâfil* constituent aussi l'un des moyens de **neutraliser les mauvaises actions** faites, car elles les consument, comme le feu consume le bois. Dieu dit en effet :

﴿ **Les bonnes œuvres dissipent les mauvaises. Cela est une exhortation pour ceux qui réfléchissent.** ﴾ Coran (Hûd 11/114)

- Les *nawâfil* constituent, d'autre part, **des moyens de réparation et de compensation** des obligations mal ou insuffisamment accomplies. En effet, souvent, nous ne nous acquittons pas de nos obligations de la meilleure façon, ou de la plus convenable. Les *nawâfil* sont là, si nous en accomplissons, pour y remédier. En effet, notre Prophète (ﷺ) le dit expressément, concernant la prière en particulier, mais la généralisation peut être faite aisément :

« Le premier actes sur lequel seront questionnés les gens sera la prière. Dieu dira aux anges, alors qu'en fait Il sait : "Regardez Mon serviteur et sa prière, l'a-t-il accomplie de la meilleure manière ou l'a-t-il plutôt altérée ?" S'il l'avait accomplie complète[32]*, elle lui sera alors écrite complète. Mais s'il l'a accomplie de manière tronquée, Dieu dira : "Cherchez, pour Mon serviteur, s'il avait accompli des prières surérogatoires (nafila), alors complétez de ces dernières ce qui a manqué aux premières. Ensuite, les actes seront considérés comme tels. »* [Abû Dâwûd (733)]

8.2. Spécificités des nawâfil

La première des recommandations concernant les prières surérogatoires est qu'elles devraient être accomplies de préférence dans les demeures, et non point dans les mosquées et ceci de manière générale, sauf dans certains cas (*tarâwîḥ* du mois de ramadan par exemple).

Le Prophète (ﷺ) dit en effet :

« La prière surérogatoire de l'un d'entre vous dans sa demeure est une lumière. Que celui qui veut, l'illumine. » [Aḥmad (82)]

Les prières surérogatoires peuvent être accomplies en **position assise**, même sans aucune raison ; ce faisant, le croyant qui les accomplit ainsi aura la moitié de la rétribution de celui qui les accomplirait debout.

Il y a un très grand nombre de prières surérogatoires enseignées et recommandées par notre Prophète (ﷺ). Nous citerons :

- celles appelées ***rawâtib***, et que le Prophète effectuait de manière presque assidue, elles ont donc statut de *sunna mu'akkada* (forte intensité) ;
- celles qu'il effectuait parfois (moyenne intensité) ;
- celles qu'il avait permises, sans qu'il insiste particulièrement (faible intensité ou simplement permise).

8.3. Tableau des prières surérogatoires (nafila)

Nous dressons, dans ce qui suit, un tableau indiquant les différentes prières surérogatoires liées et leur différente intensité dans la recommandation prophétique, que le croyant peut accomplir. Nous attirons l'attention sur les éléments suivants :

- que les deux prières (en couleur dans le tableau) sont très fortement recommandées. Nous en avons déjà parlé plus haut ;
- qu'il n'y a pas de prière surérogatoire après avoir accompli la prière du *ṣubḥ* jusqu'au lever du soleil, après la prière du *'aṣr* jusqu'à la prière du *maghrib* ainsi que lors du prêche de l'imam le jour du vendredi.

Prières *nawâfil* liées aux prières obligatoires				
			Autres prières liées	
Prière	Moment	Forte intensité *Rawâtib*	Moyenne intensité	Faible intensité ou permise
Ṣubḥ	Avant	**2 cycles**		
Ẓuhr	Avant	2 ou 4 cycles	-	-
	Après	2 cycles		
'Aṣr	Avant	-	2 ou 4 cycles	
Maghrib	Avant	-	-	2 cycles, après *adhân*[33]
	Après	2 cycles		
'Ishâ'	Avant	-	-	2 cycles, après *adhân*[33]
	Après	**2 cycles + *witr***		
Vendredi	Avant	-	-	cf.[34]
	Après	-	2 ou 4 cycles[35]	
Aïd	Avant Après	Non	Non	Non

Prières *nawâfil* liées à des moments précis	
	Moyenne intensité
Matinée - *Ḍuḥâ* Après le lever du soleil et avant midi.	2 / 4 / 6 ou 8 cycles
Ramadan – *tarâwîḥ* La nuit, après la prière du *'ishâ'*.	Jusqu'à 8 / 10 ou 20 cycles[36]

Prières *nawâfil* liées à des lieux précis		
	Forte intensité	**Moyenne intensité**
Salutation de la mosquée À tout moment de la journée et de la nuit[37].	2 cycles	
Après le *ṭawâf*		2 cycles

- - -

Notes :

19. Dans d'autres versions, c'est le chiffre de vingt-cinq qui est cité.

20. *Taqîy* : traduit imparfaitement par pieux auquel il faut ajouter le sens de vertueux qui craint Dieu.

21. *Takaffala* : au sens de se porter garant.

22. Traverser le pont sans encombre et rapidement. C'est le pont établi au Jour dernier, surplombant le Feu, que devront traverser tous les humains. Les croyants le passeront plus ou moins rapidement selon leurs actes et leur sincérité ; certains à la vitesse de la lumière, d'autres moins vite, et d'autres encore moins vite jusqu'à y marcher à quatre pattes.

23. Au sens d'un moment plus ou moins long. Ne pas comprendre une heure équivalente à soixante minutes !

24. Dans les deux sens : en état de prière, ou qui accomplit la prière en général. La remarque à faire est que celui qui attend la prière a le même mérite que celui qui est en prière.

25. Coran (18).

26. Il faut comprendre par nuit du vendredi, la nuit du jeudi au vendredi.

27. Ce n'est pas l'heure de soixante minutes. C'est un laps de temps.

28. En mérite.

29. Au sens de monter sur la chaire pour y prononcer le prêche.

30. Cette partie est prise de notre livre : *Les rites funéraires en Islam*, édité aux éditions Tawhid (2005).

31. Avec foi : au sens d'attester de leur véracité. En attente de rétribution : avec sincérité, en attente de la seule rétribution divine.

32. Au sens de la meilleure façon.

33. Prière juste après l'appel à la prière (*âdhân*) du *maghrib* et du *'ishâ'* : possibilité d'en accomplir, mais aucune recommandation n'existe à leur sujet.

34. Prière avant la prière du vendredi : possibilité d'en accomplir autant que l'on veut, mais aucune recommandation n'existe à leur sujet.

35. Prière après la prière du vendredi : préférable de les accomplir en sa demeure, sinon à la mosquée.

36. Prières du ramadan : les chiffres sont donnés sans compter les 3 derniers cycles du *witr*.

37. Prière de la salutation de la mosquée : pour l'imam Mâlik, on ne peut les accomplir aux temps interdits de prières surérogatoires (après la prière du *ṣubḥ* jusqu'au lever du soleil, après la prière du *'aṣr* jusqu'au coucher du soleil, lorsque l'imam fait son prêche du vendredi).

***

9.
Compléments sur la prière

1. La prosternation pour inattention
Sujûd as-sahw (سجود السهو)

C'est une double prosternation de réparation pour cause d'inattention et/ou d'oubli durant la prière.

Elle a pour but de réparer la prière dans laquelle se sont insinués une erreur, un oubli ou une inattention. Réparer sa prière est en général meilleur que la reprendre sauf dans le cas où le priant est tellement distrait qu'il ne sait plus où il en est, combien il a fait de cycles de prière, comment il les a faits. Alors dans ce cas, il est préférable pour lui de reprendre complètement sa prière.

La double prosternation de réparation se compose de deux prosternations qui se suivent et qui ont lieu juste avant de terminer la prière (*taslîm*) ou juste après selon le cas de figure. Le priant prononce un *takbîr* lors de chaque transition : en se prosternant, en se relevant, et encore une fois en se prosternant et en se relevant. Des différents hadiths en la matière, il en ressort :

- que le croyant est tenu d'accomplir une double prosternation lorsqu'un très fort doute s'installe en lui s'il ne sait pas combien de cycles il a accompli ;
- qu'il y est tenu **par le fait qu'il ait ajouté ou diminué** (de manière involontaire) **des éléments obligatoires** (*farḍ, rukn*) **de la prière** ;
- qu'il y est tenu lors de l'oubli de certaines fortes recommandations (*tashahhud* par exemple) ;
- que cette double prosternation se fera avant ou après la salutation finale (*taslîm*) selon le cas.

1.1. Les inattentions, oublis ou erreurs

Les inattentions, oublis ou erreurs sont de trois niveaux :

1. Ils peuvent toucher **une obligation non faite** (*farḍ, rukn*) de la prière (récitation de la *Fâtiḥa*, l'inclinaison, se remettre debout, les deux prosternations, la position assise (*julûs*), etc). Il y a unanimité des savants sur cette question pour **exiger la double prosternation** après la salutation finale, **après avoir refait** un cycle complet (*rak'a*) pour réparer le ou les cycles endommagés. En effet, tout cycle de prière dans lequel il manquerait l'une de ces obligations est invalidé.

   De même, si une obligation en plus de celles demandées **est ajoutée**, il y a **exigence de la double prosternation** après la salutation finale.

2. Ils peuvent toucher une **forte recommandation** (*sunna mu'akkada*) : lecture coranique après la *Fâtiḥa*, le *tashahhud*,

lecture à haute voix alors qu'elle devait se faire à voix basse et l'inverse aussi. Il y a unanimité des savants sur cette question pour **exiger la double prosternation**, **avant** la salutation finale s'il y a eu oubli, et **après** s'il y a eu ajout. Dans ce cas, le cycle de prière n'est pas invalidé, et il n'y a pas besoin de le refaire.

3. Une **recommandation de plus faible importance**, appelée parfois par les savants *raghâ'ib* (رغائب) : les mains sur la poitrine, la prière sur le Prophète (ﷺ), etc. Toute inattention, oubli ou erreur sur les gestes et/ou paroles de ce troisième niveau n'exigent pas la double prosternation.

Remarque importante : ne pas tomber dans l'obsession de la faute

Attention : le diable peut jouer, pour certains, sur des erreurs éventuellement commises, pour fatiguer le priant et le pousser à refaire prière sur prière, et tomber ainsi dans un cercle obsessionnel. Cela peut se passer aussi pour les ablutions.

La position des savants est claire dans ce cas. La personne qui devra refaire un cycle de prière ou la prière en entier ne le fait que si ce problème ne se pose qu'occasionnellement à elle. Si cela se produit très souvent ou systématiquement, les savants disent que **le priant termine sa prière en l'état sans rien ajouter ni retrancher, et qu'il n'a pas à faire de double prosternation.** Il n'a pas à refaire les ablutions. Il considère que ce qu'il a fait est juste. Tel est le chemin à suivre pour couper court au diable.

1.2. Exemples de cas

Concernant les deux premiers niveaux d'inattention, d'oubli ou d'erreur, les cas sont les suivants :

- Si le priant a un **doute quant au nombre de cycles accomplis** (il ne sait s'il en a fait trois ou quatre dans la prière du *ẓuhr* par exemple), qu'il prenne un léger temps de réflexion. S'il a ensuite la certitude que le compte est bon, qu'il termine sa prière **sans besoin de double prosternation.**

  Si, par contre, **le doute** s'installe fortement en lui, alors qu'il accomplisse encore un cycle, et qu'il fasse la double prosternation **avant la salutation finale *taslîm*** (Mâlik et Shâfi'î).

- Si le priant **a oublié une obligation** durant un cycle de prière (lecture de la *Fâtiḥa*, inclinaison *rukû'*, les deux prosternations *sujûd* ou l'une des deux) : ce cycle est invalidé. Il doit ajouter un cycle complet (*rak'a*), afin de parfaire sa prière, et faire la double prosternation **après le *taslîm***, car **il a ajouté** des parties du cycle non validé.

- S'il est **en train d'ajouter une obligation en plus** que celles nécessaires, et qu'il en prend conscience, qu'il s'arrête à ce moment, s'assied et prononce le *taslîm*. Il fait ensuite la double prosternation.

  Exemple de celui qui accomplit la prière du *'aṣr* et qui ajoute un cinquième cycle ; s'il en prend conscience durant cette période, qu'il revienne à la position assise, fait le *tashahhud* et la prière pour le Prophète (s'il ne les a pas fait auparavant) puis effectue la salutation finale *taslîm*. Il ajoute la double prosternation après cela, puis fait encore une autre salutation *taslîm*.

S'il ne prend conscience qu'une fois ce cycle accompli, il termine sa prière, puis effectue la salutation finale *taslîm*. Il ajoute la double prosternation après cela, puis fait encore une autre salutation *taslîm*.

- S'il a **ajouté une obligation ou une recommandation importante**, en plus de ce qui est nécessaire : il n'a rien à rattraper, mais il fait la double prosternation de réparation **après le *taslîm***.
- S'il a **manqué une recommandation importante** (le *tashahhud*, la lecture de passages coraniques après la *Fâtiḥa* par exemple) : **il n'a rien à ajouter**, mais il fait la double prosternation de réparation **avant le *taslîm***.
- S'il a **oublié plusieurs recommandations** et/ou plusieurs erreurs, une double prosternation **avant le *taslîm*** suffit pour l'ensemble des erreurs commises.
- S'il a manqué et ajouté en même temps, il fait les deux prosternations de réparation **avant** la salutation finale, sinon **après** le *taslîm*.
- S'il devait faire les deux prosternations de réparation avant le *taslîm* et qu'il a oublié de les faire, ou n'a pas su quand les faire, il les fait **après le *taslîm*** sans problème.
- La double prosternation est à faire aussi bien **pour les prières obligatoires que surérogatoires** selon l'avis de la majorité des savants. Certains ne l'obligent pas pour les surérogatoires.
- Si les deux prosternations sont faites après le *taslîm*, il faut prononcer le *taslîm* une deuxième fois.

1.3. Oublier la double prosternation

Pour celui qui oublie la double prosternation et quitte la position assise et se lève pour faire autre chose, puis se rappelle qu'il devait y procéder, deux cas se présentent :

- La double prosternation qu'il devait faire était prévue **avant la salutation finale** *taslîm* : dans ce cas, s'il se remémore de suite ou dans les quelques instants avant de sortir de chez lui ou de la mosquée, qu'il se prosterne sur-le-champ (pour autant qu'il soit encore en état de pureté rituelle *wuḍû'*), même s'il a parlé ou fait des gestes entre temps. S'il se passe un temps assez long, et qu'il se rappelle, alors il devra refaire la prière entièrement selon l'imam Shâfi'î. Mâlik et Aḥmad n'obligent pas de la refaire, mais le conseillent seulement.
- Si la double prosternation à faire était prévue **après la salutation finale**, et si le priant se la remémore de suite ou après un temps assez long, qu'il accomplisse la double prosternation au moment de son souvenir, même s'il se passe un temps très long.

1.4. Le tashahhud après la double prosternation

Les différents hadiths authentiques ne mentionnent pas de formuler encore une fois le *tashahhud* après les deux prosternations de l'inattention lorsqu'elles sont effectuées **avant ou après le *taslîm*.**

2. La prière avec l'imam

Lorsque le priant effectue sa prière avec l'imam, il le suit dans les gestes et paroles qu'il effectue.

Si l'imam effectue la lecture à voix haute, le priant écoute attentivement sans qu'il lise avec l'imam ou lise autre chose, y compris la *Fâtiḥa*. Si l'imam effectue la prière à voix basse, le priant doit lire, en son cœur la *Fâtiḥa*. Il lira en plus d'autres passages coraniques durant les deux premiers cycles des deux prières *ẓuhr* et *ʿaṣr*.

Si le priant arrive alors que l'imam dirige déjà la prière, deux cas peuvent se poser :

1. Le priant arrive alors que l'imam est encore en train de lire du Coran ou est en train d'effectuer l'inclinaison (*ruku*ʿ) et avant qu'il ne se relève, alors le cycle est comptabilisé pour le priant retardataire, même s'il n'a rien lu. Le priant dira le *takbîr* de l'entrée en prière (sacralisation, obligatoire) et celui de la transition (recommandé *sunna*).
2. Si le priant retardataire arrive après que l'imam se soit relevé de l'inclinaison ou est en train de se relever, le cycle n'est pas comptabilisé et il devra le rattraper.

Pour rattraper les cycles perdus, le priant retardataire, après avoir accompli avec l'imam le reste de la prière, observe les règles suivantes :

1. **S'il a raté un seul cycle de prière** : après la salutation finale (*taslîm*) de l'imam, le priant se relève (sans prononcer de *takbîr* ni de *taslîm*), effectue un autre cycle complet (*Fâtiḥa* plus passages coraniques), puis s'assoit et prononce le *tashahhud* final puis la salutation finale.
2. **S'il a raté deux cycles de prière** : il se relève après la salutation finale de l'imam en prononçant un *takbîr*. Deux cas se présentent :

- S'il accomplit les prières du *ẓuhr*, *'aṣr* ou *'ishâ'* (à 4 cycles), le priant retardataire a donc effectué deux cycles, il lui en reste deux autres. Il accomplit les deux cycles restants (*Fâtiḥa* plus passages coraniques pour chaque cycle), puis prononce un *tashahhud* final puis la salutation finale.
- S'il accomplit la prière du *maghrib* (3 cycles), le priant retardataire a donc effectué un seul cycle, il lui en reste deux autres. Il effectue un cycle (*Fâtiḥa* plus passages coraniques), puis s'assoit, prononce un *tashahhud*, puis se lève, accomplit encore un autre cycle (*Fâtiḥa* plus passages coraniques), puis s'assoit pour le *tashahhud* final et la salutation finale.

3. S'il a raté trois cycles de prière :

- S'il s'agit de la prière du *maghrib*, il se lève après la salutation finale de l'imam, et accomplit la prière du *maghrib* normalement complète.
- S'il s'agit des autres prières à 4 cycles (*ẓuhr*, *'aṣr* ou *'ishâ'*), il se lève après la salutation finale de l'imam, et accomplit un cycle (*Fâtiḥa* plus passages coraniques), s'assoit et prononce le *tashahhud*, puis se lève pour effectuer encore deux cycles ((*Fâtiḥa* plus passages coraniques pour le premier, *Fâtiḥa* seule pour le second), puis s'assoit pour prononcer le *tashahhud* final et la salutation finale.

Et dans tous les cas, les lectures se feront à voix haute pour les cas de lecture à voix haute, et à voix basse dans les autres.

3. Récapitulatif des obligations et recommandations de la prière

Obligations	Recommandations **<u>En gras souligné : forte intensité</u>** **En gras : intensité moyenne** Simple : plus faible intensité
	Avant la prière : Annonce de la prière : ***<u>iqâma</u>*.**
1. L'intention	
2. Le premier *takbîr*	**Lever les mains à hauteur des épaules.** **Main droite** sur la gauche lors de toutes les stations debout.
3. La station debout *wuqûf*	
4. Lecture de la *Fâtiḥa*	a. Avant : **invocations.** *Isti'âdha* + *Basmala.* **b. Lecture à haute voix quand spécifié.** c. Après : **Formule *Âmîn*.** **Lecture passages coraniques.**
5. L'inclinaison *rukû'* + quiétude	a. Avant : **<u>*Takbîr* de transition</u>.** **Lever les mains** à hauteur des épaules en s'inclinant. b. Durant l'inclinaison : Posture + ***Dhikr.***

6. Se relever de l'inclinaison + position droite du dos	**Invocation spécifique en se relevant.** **Lever les mains** à hauteur des épaules en se relevant. Autres invocations.
7. Les deux prosternations *sujûd* + sérénité dans chacune d'elles	***Takbîr* en se prosternant.** Posture. **Invocations.**
8. Se relever de la première prosternation + position assise + sérénité	*Takbîr*. Posture. Invocations.
9. Position assise après deux cycles de prière	Posture. *Tashahhud*. Invocations. **Lever les mains** à hauteur des épaules en se relevant de cette position pour un 3e cycle.
10. Salut final *taslîm*	Posture. *Tashahhud*. **Mouvement de salutation.** Prière pour le Prophète (ﷺ). Invocations générales.
11. L'ordre des obligations	
	Après la prière : Invocations spécifiques et générales.

***

Conclusion

Notre vœu a été de fournir un livre pratique pour connaître et apprendre comment rendre le culte à Dieu par la prière, la plus belle et la plus importante des obligations islamiques.

Destiné à un public adulte, hommes et femmes, nous l'avons voulu comme une porte d'entrée dans cette terre fertile et extraordinairement féconde qu'est la prière. Si nous ne sommes pas étendu sur les aspects spirituels de la prière, « le fond », dimension essentielle, c'est pour laisser l'aspect guide pratique au livre. Les dimensions spirituelles sont à découvrir dans le premier livre de cette série, « Pourquoi prier ? ».

❋❋❋

تم بحمد الله وعونه تعالى.

Fini par la grâce et l'aide de Dieu.

Toute louange Lui revient Seul.

Nos remerciements vont à tous ceux qui ont contribué à la réalisation de cet ouvrage.

❋❋❋

Table de translittération

hamza	ء	’
alif	ا	â
bâ	ب	b
tâ	ت	t
thâ	ث	th (anglais)
jîm	ج	j
ḥâ	ح	ḥ (point en dessous)
khâ	خ	kh
dâl	د	d
dhâl	ذ	dh
râ	ر	r
zây	ز	z
sîn	س	s
shîn	ش	sh
ṣâd	ص	ṣ (point en dessous
ḍâd	ض	ḍ (point en dessous)
ṭâ	ط	ṭ (point en dessous)
ẓâ	ظ	ẓ (point en dessous)
‘ayn	ع	‘
ghayn	غ	gh
fâ	ف	f
qâf	ق	q
kâf	ك	k
lâm	ل	l
mîm	م	m
nûn	ن	n
hâ	هـ	h
wâw	و	w , û
yâ	ي	y , î
Les trois voyelles longues : ***â, î, û,*** sont transcrites avec accent circonflexe.		

Table des matières

Chez le même éditeur

Foi, miracles et monde caché (recueil de hadiths traduits et commentés)
par Hani Ramadan

Nouveaux articles sur l'Islam et la barbarie
par Hani Ramadan

Pureté rituelle et ablutions
par Hani Ramadan

Pourquoi prier
Mostafa Suhayl Brahami

Les règles de la prière (*fiqh aṣ-ṣalât*)
Mostafa Suhayl Brahami

Les 40 hadiths Nawawî, commentés
Mostafa Suhayl Brahami

Connaître l'Islam à travers les 40 hadiths Nawawî
Mostafa Suhayl Brahami

COLLECTION OUVRAGES PRATIQUES

Recueil de fatwas
par le Conseil européen de la Fatwa

Dictionnaire des prénoms arabes
par Dina Tidjani

Hadj et Omra – guide pratique
par Mostafa Brahami

Le guide des parents musulmans (Tome 1)
par Aïcha Lionet

Dumas-Titoulet Imprimeurs - Dépôt légal : janvier 2007 - N° d'impression : 44969
Imprimé en France